Wissen, was ich kann

Waxmann Verlag GmbH
Steinfurter Straße 555, 48159 Münster
info@waxmann.com

Marcus Flachmeyer, Ortrud Harhues, Heike Honauer,
Andreas Schulte Hemming (Hrsg.)
unter Mitarbeit von Asja-Berenike Schüller und Lilia Suppes

Wissen, was ich kann

Verfahren und Instrumente der Erfassung und Bewertung informell erworbener Kompetenzen

Waxmann 2010
Münster / New York / München / Berlin

Bibliografische Informationen der Deutschen Nationalbibliothek
Die Deutsche Nationalbibliothek verzeichnet diese Publikation in der Deutschen Nationalbibliografie; detaillierte bibliografische Daten sind im Internet über http://dnb.d-nb.de abrufbar

Das Projekt IBAK, Identifizierung, Bewertung und Anerkennung informell erworbener Kompetenzen, wurde mit Unterstützung der Europäischen Kommission finanziert. Die Verantwortung für den Inhalt dieser Veröffentlichung trägt allein der Verfasser; die Kommission haftet nicht für die weitere Verwendung der darin enthaltenen Angaben.

Allgemeine & berufliche Bildung

GD Bildung und Kultur
Programm für lebenslanges Lernen

ISBN 978-3-8309-2349-7

Postfach 8603, 48046 Münster

www.waxmann.com
info@waxmann.com

Umschlaggestaltung: Christian Averbeck, Münster
Umschlagbild: © Steeve ROCHE, Fotolia.com
Lektorat: Edda Hattebier, Münster

Gedruckt auf alterungsbeständigem Papier, säurefrei gemäß ISO 9706

Printed in Germany

Inhalt

Marcus Flachmeyer

Einleitung

„Wissen, was ich kann" – das ist heute nicht mehr nur für den Berufsanfänger in Erwartung seines ersten Bewerbungsgespräches oder seines ersten Arbeitstages eine manchmal durchaus drängende Herausforderung. Es gibt heute vielerlei Momente, auch krisenhafte, in denen es gut ist, seine eigenen Fähigkeiten und Fertigkeiten, sein Wissen, seine Haltung und seine Motivation richtig einschätzen zu können. Dies gilt in erster Linie natürlich bei den gewollten und ungewollten Veränderungen im Beruf und im Arbeitsleben, sei es angesichts eines Aufstiegs mit mehr Führungs- oder Fachverantwortung, bei einem Wechsel in eine fachlich anders gelagerte Tätigkeit, bei einer beruflichen Neuorientierung oder beim Wiedereinstieg nach einer Elternzeit. Genau betrachtet ist das Wissen um die eigene Kompetenz heute aber auch in privaten oder öffentlichen Zusammenhängen vielfach hilfreich, bei familienbezogenen Entscheidungen oder bei der Auswahl eines ehrenamtlichen bzw. freiwilligen Engagements.

Diese umfassende Aufklärung über sich selbst in seinem Können und Wollen ist zwar an sich nichts Neues, gleichwohl bekommt sie auf der Folie gesellschaftlicher Modernisierungsprozesse eine neue Qualität. Habermas' Analyse von der Rationalisierung und Kolonisierung der Lebenswelt sieht den Einzelnen in einem ständigen Bemühen um Erhalt seiner Identität in einer Lebenswelt, deren normative Voraussetzungen schwinden und die zunehmend auf kooperative Deutungsprozesse und Reflexivität angewiesen ist (Habermas, 1995). Beck und Giddens konstatieren mit ihren Theorien der reflexiven Modernisierung, dass die Vergesellschaftungsformen der industrialisierten Moderne durch die Individualisierung der Lebensvollzüge aufgelöst werden. Nach ihnen ist der Einzelne mehr denn je gefordert, sein Leben angesichts der Vielzahl der tatsächlichen oder scheinbaren Möglichkeiten nicht nur selbst in die Hand zu nehmen, sondern ihm auch Sinn zu verleihen. Giddens spricht in diesem Zusammenhang von Entbettung und Rückbettung (Giddens, 1996), also der Herauslösung sozialen Handelns und gesellschaftlicher Beziehungen aus örtlich, damit auch kulturell und normativ eher überschaubaren Bestimmungszusammenhängen und der für die Identität notwendigen „Rückaneignung oder Umformung entbetteter sozialer Beziehungen" (Giddens, 1996, S. 102). Beck konstatiert: „Der oder die einzelne selbst wird zur lebensweltlichen Reproduktionseinheit des Sozialen". (Beck, 1986, S. 209)

„Wissen, was ich kann“ – das bedeutet für den Einzelnen, den vielfältigen Herausforderungen von Modernisierungsprozessen zumindest etwas kompetenter gegenüberstehen zu können. Bildungseinrichtungen können dabei helfen, sei es durch eine kompetenzorientierte Laufbahnberatung, durch Angebote der Berufswahlorientierung, durch Kompetenzanalysen, durch Anleitung und Beratung bei der Erstellung eines Kompetenzportfolios u.a.m.

Für genau diesen Zweck haben die Autorinnen und Autoren im Rahmen eines multilateralen GrundtvigProjektes in den Jahren 2008 bis 2010 Verfahren und Instrumente der Identifizierung und Bewertung von informell erworbenen Kompetenzen inventarisiert und kontextualisiert.

Als Hintergrundinformation findet sich von Marcus Flachmeyer und Lilia Suppes eine Einordnung des aktuellen Interesses an der Erfassung und Anerkennung von informell erworbenen Kompetenzen in europäische und deutsche Entwicklungen der Bildungsforschung und -politik. Es folgen ein Überblick zu möglichen Systematisierungsansätzen in der Vielfalt der Verfahren und Instrumente und eine Erläuterung des Projektkontextes und unserer Inventarisierung durch Andreas Schulte Hemming und Asja-Berenike Schüller.

Das Kernstück dieser Veröffentlichung ist das Inventar, also eine Kurzvorstellung aller Verfahren und Instrumente, die in Deutschland auffindbar waren und zu denen in praktischer Absicht aktuell noch Zugang hergestellt werden kann.

Ortrud Harhues und Heike Honauer thematisieren die Möglichkeit des Kompetenzerwerbs im Ehrenamt und stellen Formen und Instrumente der Identifizierung und Bewertung informellen Lernens vor. Andreas Schulte Hemming bespricht die Leistungsfähigkeit und die offensichtlich zunehmende Beliebtheit von Verfahren und Instrumenten, die webbasiert oder computergestützt sind. Ortrud Harhues und Heike Honauer schließen mit einigen kritischen Anmerkungen zum Interesse am informellen Lernen und seinen Ergebnissen.

Literatur

Beck, U. (1986). Risikogesellschaft: Auf dem Weg in eine andere Moderne. Frankfurt am Main: Suhrkamp.

Beck, U., Giddens, A., & Lash, S. (1996). Reflexive Modernisierung: Eine Kontroverse. Frankfurt am Main: Suhrkamp.

Giddens, A. (1996). Konsequenzen der Moderne. Frankfurt am Main: Suhrkamp.

Habermas, J. (1981). Theorie des kommunikativen Handelns. Frankfurt am Main: Suhrkamp.

Marcus Flachmeyer

Informelles Lernen und die Erfassung und Anerkennung von Kompetenzen – ein Blick nach Europa

Seit den 1980er Jahren sind die bildungspolitische und wissenschaftliche Aufmerksamkeit für informelle Lernprozesse und die Erfassung und Bewertung der Ergebnisse solcher Lernprozesse in Europa merklich gestiegen. Diese Entwicklung kann in vielerlei Hinsicht eingeordnet und analysiert werden, für Bildungseinrichtungen und das dort tätige Personal ist in konzeptioneller und methodischer Hinsicht in erster Linie relevant, in welchen Ländern Europas welche Diskussionen und Erfahrungen vorliegen und wie sich Analysen, Überlegungen und Beschlüsse der europäischen Institutionen darstellen. An dieser Stelle wird der letztgenannte Aspekt behandelt.

Als europäischer bildungspolitischer Ausgangspunkt gilt das im Jahr 1995 von der Europäischen Union veröffentlichte Weißbuch zur allgemeinen und beruflichen Bildung „Lehren und Lernen. Auf dem Weg zur kognitiven Gesellschaft", das sich selbst als Umsetzung des zwei Jahre zuvor erschienenen Weißbuchs „Wachstum, Wettbewerbsfähigkeit, Beschäftigung" versteht (Europäische Kommission, November 1995, S. 2). Das Dokument reflektiert auf die Situation der 1990er Jahre, knüpft an die Modernisierungsdebatten an und formuliert mit der Chiffre der „kognitiven Gesellschaft" ein Leitbild für unterschiedliche Politikfelder einschließlich der Bildungspolitik. Der Blick auf die erforderlichen Lernprozesse weitet sich bzgl. der Lernorte und Lernformen, wenn es heißt: „Durch die im institutionellen Bildungssystem, im Unternehmen oder im informellen Rahmen erworbene allgemeine und berufliche Bildung gestaltet der einzelne seine Zukunft und sichert sich seine Entfaltung" (Europäische Kommission, November 1995, S. 6).

Die hier skizzierte Verbindung von Wachstum, Wettbewerbsfähigkeit, Beschäftigung und Bildung wird in der im Jahr 2000 formulierten Lissabon-Strategie noch stärker fokussiert (Europäischer Rat, März 2000). Der Europäische Rat stellte im März 2000 in Lissabon das Ziel auf, die Europäische Union zum wettbewerbsfähigsten und dynamischsten wissensbasierten Wirtschaftsraum der Welt zu machen – einem Wirtschaftsraum, der fähig ist, ein dauerhaftes Wirtschaftswachstum mit mehr und besseren Arbeitsplätzen und einem größeren sozialen Zusammenhalt zu erzielen. Diese Meta-Strategie bildete den politischen Rahmen für die dann folgenden Programme zur Modernisierung der Bildungssysteme und zur Förderung des lebenslangen Lernens.

Mit dem ebenfalls im Jahr 2000 verabschiedeten „Memorandum über Lebenslanges Lernen“ systematisierte die Kommission der Europäischen Gemeinschaften die Aktivitäten und Ziele europäischer Bildungspolitik. In sechs sog. Grundbotschaften formuliert das Memorandum mögliche Zielpunkte einer umfassenden und kohärenten Strategie für lebenslanges Lernen. Formales, nicht-formales und informelles Lernen wurden als Bestandteile des lebenslangen Lernens gedacht. Dabei wird informelles Lernen als „eine natürliche Begleiterscheinung des täglichen Lebens (verstanden; MF). Anders als beim formalen und nicht-formalen Lernen handelt es sich beim informellen Lernen nicht notwendigerweise um ein intentionales Lernen, weshalb es auch von den Lernenden selbst unter Umständen gar nicht als Erweiterung ihres Wissens und ihrer Fähigkeiten wahrgenommen wird.“ (Europäische Kommission, 30.10.2000, S. 9f.) Die Anerkennung der im nicht institutionellen Kontext erworbenen Wissensbestände, Fähigkeiten und Fertigkeiten wird in einer der sechs Grundbotschaften als Entwicklungsaufgabe für die Systeme des Lebenslangen Lernens skizziert (ebd., S. 18ff.).

Mit einer Reihe von Initiativen forciert die Kommission in den darauf folgenden Jahren die Entwicklung eines gemeinsamen europäischen Raums lebenslangen Lernens und Arbeitens, eines Raumes also, der durch Mobilität, Transparenz der Bildungsabschlüsse als Voraussetzung für einen adäquaten Zugang der Menschen zum Arbeitsmarkt und durch die Anerkennung der vorhandenen Kompetenzen geprägt ist. Hierzu zählen insbesondere die Mitteilung „Einen europäischen Raum des lebenslangen Lernens schaffen“ aus dem Jahr 2001 – gemeinsam von der Generaldirektion Bildung und Kultur und der Generaldirektion Beschäftigung und Soziales vorbereitet –, der Aktionsplan für Qualifikation und Mobilität der Kommission aus dem Jahr 2002 und der Vorschlag für eine Entscheidung des Europäischen Parlamentes und des Rates über ein einheitliches Rahmenkonzept zur Förderung der Transparenz von Qualifikationen und Kompetenzen (EUROPASS) aus dem Jahr 2003, über den dann im Jahr 2004 positiv entschieden wurde.

Der für die europaweite Durchsetzung der Idee und Praxis der Anerkennung informell erworbener Kompetenzen wahrscheinlich wichtigste Schritt ist mit der Empfehlung des Europäischen Parlamentes und des Rates zur Einrichtung eines Europäischen Qualifikationsrahmens für lebenslanges Lernen (EQR) vom Februar 2008 gelungen, die am 23. April 2008 in Kraft trat. Mit ihm wurde nicht nur die Basis für die Durchlässigkeit der nationalen Berufsbildungssysteme und mehr Mobilität geschaffen. Der Qualifikationsrahmen markiert zugleich auch im europäischen Maßstab einen Perspektivenwechsel, vom Input hin zum Output, weg von Ausbildungs- und Weiterbildungsinhalten hin zu den Ergebnissen des Lernens oder den Kompetenzen. Angefüllt mit Berufsprofilen ist mit dem Qualifikationsrahmen die

Chance gegeben, die Ergebnisse des Lernens ganz unabhängig von der Art und Weise ihrer Entstehung in ein Bildungs- und Qualifikationssystem einzuordnen.

Einen gewissen Rahmen für die prozedurale Umsetzung haben die im Jahr 2004 vom Rat angenommenen „Gemeinsamen europäischen Grundsätze für die Validierung des nicht-formalen und des informellen Lernens“ abgesteckt. Angesichts der sehr unterschiedlichen Entwicklungsstände der Validierung von Bildungsergebnissen in Europa mit unterschiedlichen institutionellen Gegebenheiten und auch unterschiedlichen Methodiken enthalten die Grundsätze keine konkreten Verfahrensbeschreibungen und Qualitätsstandards. Sie „dienen als Inspirationsquelle für die Entwicklung von Systemen und Ansätzen für die Ermittlung und Validierung und schreiben keinen besonderen Ansatz und kein besonderes System vor“ (Rat der Europäischen Union, 18.05.2004, S. 4). Die Grundsätze betonen die Rechte des Einzelnen am Verfahren, nennen institutionelle Pflichten wie die der Begleitung solcher Verfahren durch Beratung und unterstreichen die Bedeutung von Gütekriterien wie Vertrauen, Verlässlichkeit, Unparteilichkeit.

Tiefer in die Ausgestaltung geht ein Dokument des Europäischen Zentrums für die Förderung der Berufsbildung CEDEFOP mit nicht amtlichem Charakter, das auf den „Grundsätzen“ aufbaut und Ergebnis eines zweijährigen internationalen Erfahrungsaustauschs im Rahmen des Arbeitsprogramms „Allgemeine und berufliche Bildung 2010“ ist. Das Dokument mit dem Titel „Europäische Leitlinien für die Validierung nicht-formalen und informellen Lernens“ (CEDEFOP, 2009) macht Aussagen u.a. zu institutionellen und organisationalen Rahmenbedingungen von Validierung, zur Struktur des Validierungsprozesses, zu den Methoden und Instrumenten sowie zu den eingesetzten Fachkräften. Damit ist es insbesondere für die Professionals in den Ländern, die eher am Beginn des Aufbaus eines Systems der Identifizierung, Bewertung und Anerkennung informell erworbener Kompetenzen stehen, ein wertvolles Hilfsmittel.

Literatur

Europäische Kommission (1995). Weißbuch zur allgemeinen und beruflichen Bildung – Lehren und Lernen – Auf dem Weg zur kognitiven Gesellschaft. Brüssel: Kommission der Europäischen Gemeinschaften (KOM(95) 590).

Europäischer Rat (2000). Sondertagung am 23. und 24. März 2000 in Lissabon. Schlussfolgerungen des Vorsitzes.

Europäisches Parlament und Europäischer Rat (2004). Entscheidung des Europäischen Parlamentes und des Rates am 15.12.2004 über ein einheitliches Rahmenkonzept zur Förderung der Transparenz von Qualifikationen und Kompetenzen (EUROPASS).

Europäisches Zentrum für die Förderung der Berufsbildung CEDEFOP (2009). Europäische Leitlinien für die Validierung nicht formalen und informellen Lernens. Luxemburg: Amt für amtliche Veröffentlichungen der Europäischen Gemeinschaften.

Kommission der Europäischen Gemeinschaften (1993). Wachstum, Wettbewerbsfähigkeit, Beschäftigung – Herausforderungen der Gegenwart und Wege ins 21. Jahrhundert – Weißbuch (KOM(93) 700). Brüssel.

Kommission der Europäischen Gemeinschaften (2000). Memorandum über Lebenslanges Lernen: Arbeitsdokument der Kommissionsdienststellen (SEK(2000) 1832). Brüssel.

Kommission der Europäischen Gemeinschaften (2001). Einen europäischen Raum des lebenslangen Lernens schaffen: Mitteilung der Kommission (KOM(2001) 678 endgültig). Brüssel.

Kommission der Europäischen Gemeinschaften (2002). Aktionsplan der Kommission für Qualifikation und Mobilität: Mitteilung der Kommission an den Rat, das Europäische Parlament, den Wirtschafts- und Sozialausschuß und den Ausschuß der Regionen (KOM(2002)72 endgültig). Brüssel.

Kommission der Europäischen Gemeinschaften (2008). Der Europäische Qualifikationsrahmen für Lebenslanges Lernen (EQR). Luxemburg: Amt für amtliche Veröffentlichungen der Europäischen Gemeinschaften.

Rat der Europäischen Union (2004). Schlussfolgerungen des Rates und der im Rat vereinigten Vertreter der Regierungen der Mitgliedstaaten zu gemeinsamen europäischen Grundsätzen für die Ermittlung und Validierung von nicht formalen und informellen Lernprozessen.

Marcus Flachmeyer und Lilia Suppes

Initiativen und Ansätze der Kompetenzerfassung in Deutschland

„Die Anerkennung non-formalen und informellen Lernens in Deutschland stellt sich anders dar als in den meisten europäischen und außereuropäischen OECD-Ländern" – so knapp lässt sich die Situation in Deutschland mit Seidel et al. (2008) auf den Punkt bringen. Diese Situation ist einerseits dadurch gekennzeichnet, dass dem informellen Lernen oder dem Erfahrungslernen im Zuge der dualen Berufsausbildung seit jeher ein hoher Stellenwert zukommt und die Ergebnisse in der Prüfung durchaus anerkannt werden. Dies dürfte sich durch die Erweiterung des Prüfungsgegenstands hin zur beruflichen Handlungsfähigkeit in § 38 BBiG sogar noch verstärken. Andererseits zeichnet sich die Situation in Deutschland dadurch aus, dass ein Berufsabschluss nicht aufgrund eines Kompetenzprofils zuerkannt wird, sondern – zugespitzt – aufgrund der erfolgreichen Teilnahme an einer Bildungsveranstaltung. Das Berufsbildungsreformgesetz aus dem Jahr 2005 hat mit der Anrechnung beruflicher Vorbildung auf die Ausbildungszeit (§ 7 BBiG), mit Zulassung zu Abschlussprüfungen im dualen System nach Besuch einer berufsbildenden Schule (§ 43 BBiG) und mit der sog. Externenprüfung (§ 45 BBiG) nur erste zaghafte Ansätze unternommen, um die Durchlässigkeit des Bildungssystems zu erhöhen und damit den Zugang zum Beschäftigungssystem zu verbessern. Damit unterscheidet sich die Situation in Deutschland deutlich von der in den Niederlanden, in Großbritannien oder in Frankreich. Frankreich z.B. hat in seinem Bildungssystem mit der *Validation des Acquis de l'Expérience* einen völlig eigenständigen Weg zu einem anerkannten Berufsabschluss eingeschlagen.

Gleichwohl lassen sich seit den 1990er Jahren umfangreiche Forschungsaktivitäten und auch rege Aktivitäten in der Entwicklung von Methoden und Instrumenten der Identifizierung und Bewertung von Kompetenzen feststellen. Diese resultieren zu diesem Zeitpunkt weniger aus einer kritischen Reflexion der eigenen Reichweite durch die Bildungseinrichtungen selbst, sondern mehr aus einschneidenden Entwicklungen in ihrem Umfeld. Der abermalige Bedeutungsverlust der sog. Altindustrien wie Kohle, Stahl und Textil mit einem massiven Anstieg der Erwerbslosigkeit, die Revolutionierung der Arbeits- und Lebenswelt durch EDV und IuK-Technologien, neue Formen der Arbeitsorganisation wie Lean Management und Gruppenarbeit, die Entgrenzung der Arbeitswelt mit der Chiffre des „Arbeitskraftunternehmers" und die Entwurzelung von Menschen durch den Zusammenbruch der realsozialistischen Staaten und planwirtschaftlichen Ökonomien Mittel- und Osteuropas warfen zu diesem Zeitpunkt die Frage auf, wie Menschen die nötigen Kompetenzen für und in derart dynamischen Umwelten und Transformationen entwickeln können und welchen Anteil die gängige allgemeine, berufliche und betriebliche Bildung daran hat und haben kann. Nach einer jahrzehntelangen Fokussierung auf institutionelle Lehr- und Lernprozesse dehnte sich das Interesse nun auf die Lernprozesse aus, die in Settings jenseits der Bildungsinstitutionen zu beobachten waren, also in alltäglichen Lebensvollzügen bei der Arbeit, in der Familie, in der Nachbarschaft oder in gesellschaftlichen Organisationen. In Absetzung zur Weiterbildung wurde der Begriff der Kompetenzentwicklung geprägt und das lernende Subjekt in das Zentrum seiner vielfältigen Lernprozesse gestellt. Dieser Perspektivenwechsel spiegelte sich in der Bildungs- und Lernforschung als konstruktivistische Bildungstheorie und in der Bildungspolitik und -planung in Konzepten des selbstorganisierten und des selbstgesteuerten Lernens.

Grundlegend und systematisch wurde das Themenfeld von der Arbeitsgemeinschaft Betriebliche Weiterbildungsforschung e.V. bearbeitet, die von 1996 bis 2007 vom Bundesministerium für Bildung und Forschung mit dem Meta-Projekt Qualifikations-Entwicklungs-Management (QUEM) betraut war und auch den Begriff der Kompetenzentwicklung in Deutschland prägte. Die von ihr betreuten BMBF-Programme „Kompetenzentwicklung für den wirtschaftlichen Wandel – Strukturveränderungen betrieblicher Weiterbildung", „Lernen im sozialen Umfeld" und „Lernkultur Kompetenzentwicklung" haben eine Vielzahl von Veröffentlichungen u.a. zu informellem und selbstorganisiertem Lernen sowie zur Kompetenzfeststellung hervorgebracht.

Speziell die Machbarkeit eines allgemeinen deutschen Bildungspasses untersuchte als gemeinsames Vorhaben des Bundes und der Länder das Verbundprojekt „Weiterbildungspass mit Zertifizierung informellen Lernens". Es bezifferte für den März 2003 die Anzahl der in Deutschland eingesetzten Pässe auf 48 und konstatierte eine hohe Entwicklungsdynamik. Neben dieser Dynamik war – und ist – eine große Vielfalt in Hinblick auf die Passbezeichnungen, die Verteilung auf gesellschaftliche Funktionsbereiche wie Schule, Ausbildung, Beruf, Ehrenamt, Freizeit, die Entstehungsanlässe und -gründe, die passanbietenden Einrichtungen und das Einzugsgebiet der Pässe zu beobachten. In der Regel sind die Pässe stark auf den beruflichen Bereich und eine berufliche Verwertbarkeit ausgerichtet. Hinter diesen Pässen als jeweils spezifische Form des Nachweises stehen jeweils spezifische Verfahren und Abläufe der Identifizierung und Bewertung der Kompetenzen. Ziel der Studie war es, „eine wissenschaftliche begründete Bewertung der Möglichkeiten, einen Weiterbildungspass unter besonderer Berücksichtigung der Sichtbarmachung und Anerkennung informell erworbener Kompetenzen in Deutschland unterhalb der ordnungspolitischen Ebene einzuführen." (DIE, DIPF, IES, Februar

2004, S. 5) Und weiter: „Im Unterschied zu Deutschland ist die Situation in den meisten der im Rahmen der Machbarkeitsstudie untersuchten Länder Finnland, Frankreich, Großbritannien, Niederlande und Schweiz dadurch gekennzeichnet, dass gesetzliche Regelungen vorhanden sind, die den Rahmen für lebensbegleitendes Lernen vorgeben. Weiterbildungspässe sind hier als Folge ordnungspolitischer Vorgaben entstanden. In ihnen ist die Anerkennung informellen Lernens eingeschlossen." (ebd., S. 11) Nach Abschluss der Machbarkeitsstudie am 31. Oktober 2003 wurde ein Referenzsystem eines Weiterbildungspasses, das sich aus einem Referenzmodell zur Sichtbarmachung informell erworbener Kompetenzen und einem Beratungskonzept mit den Schwerpunkten Selbstexploration/Bilanzierung und Bildungsberatung zusammensetzt, weiterentwickelt und erprobt.

Die Arbeiten der o.a. Machbarkeitsstudie haben sich im sog. ProfilPASS manifestiert, also einem Verfahren, das eine Selbsteinschätzung (punktuelle Fremdeinschätzung) beinhaltet, die in einem Portfolio festgehalten werden kann und in dieser Form starke Parallelen mit der französischen *Bilan de Compétences* und dem schweizerischen *CH-Q* aufweist. Unter den Verfahren und Instrumenten mit einer eher formativen und biografischen Akzentuierung dürfte der ProfilPASS in Deutschland klar dominieren. Daneben besteht – und dies scheint die Stärke der deutschen Situation zu sein – eine Vielzahl weiterer Verfahren und Instrumente, die deutlich anders ausgerichtet sind. Am erkennbarsten wird dies bei den Verfahren, die psychometrisch akzentuiert sind. Diese Verfahrens- und Instrumentenvielfalt bietet bei einer zukünftigen Entwicklung eines Verfahrens zur Anerkennung informell erworbener Kompetenzen die Chance auf einen intelligenten Mix.

Literatur

Bootz, I., & Hartmann, T. (1994). Kompetenzentwicklung statt Weiterbildung? Mehr als nur neue Begriffe. DIE Zeitschrift für Erwachsenenbildung, 1(4), 22–25.

Colardyn, D., & Bjornavold, J. (2005). The learning continuity: European inventory on validating non-formal and informal learning. National policies and practices in validating non-formal and informal learning (Vol. 117). Luxembourg: Off. for Off. Publ. of the Europ. Communities.

Deutscher Bundestag (23.03.2005). Berufsbildungsgesetz: BBiG.

Deutsches Institut für Erwachsenenbildung (DIE); Deutsches Institut für Internationale Pädagogische Forschung (DIPF); Institut für Entwicklungsplanung und Strukturforschung GmbH an der Universität Hannover (IES) (Februar 2004). Kurzfassung der Machbarkeitsstudie des BLK-Verbundprojektes „Weiterbildungspass mit Zertifizierung informellen Lernens".

Erpenbeck, J., & Rosenstiel, L. von (Hrsg.) (2003). Handbuch Kompetenzmessung: Erkennen, verstehen und bewerten von Kompetenzen in der betrieblichen, pädagogischen und psychologischen Praxis. Stuttgart.

Seidel, S., Bretschneider, M., Kimmig, T., Neß, H., & Noeres, D. (2008). Stand der Anerkennung non-formalen und informellen Lernens in Deutschland. Bonn; Berlin (Im Rahmen der OECD-Aktivität „Recognition of non-formal and informal Learning“).

Die Ergebnisse, die im Rahmen des Programms „Lernkultur Kompetenzentwicklung“ gewonnen wurden, sind auf der Website http://www.abwf.de bibliografiert.

Andreas Schulte Hemming und Lilia Suppes

Verfahren und Instrumente der Erfassung und Anerkennung von informell erworbenen Kompetenzen – Ansätze der Systematisierung

Kompetenzfeststellungsverfahren, Kompetenzbilanzen, Kompetenzchecks, Potenzialanalysen, Profiling, Assessment-Verfahren, Eignungsanalysen oder Einstellungstests sind allesamt Bezeichnungen für Verfahren oder Instrumente, mit denen Kompetenzen, Fertigkeiten und Fähigkeiten, Wissen, Haltungen und Dispositionen von Personen ermittelt, sichtbar gemacht und bewertet werden sollen und zwar unabhängig davon, in welchen Zusammenhängen diese Qualifikationen, Kompetenzen und Fähigkeiten erworben wurden.

So wenig wie zurzeit in Deutschland ein allgemein akzeptierter Begriff von Kompetenz existiert – man findet eine Vielzahl unterschiedlicher Ansätze in Abhängigkeit von der wissenschaftlichen Ausrichtung und dem jeweiligen Praxisbereich – so wenig gibt es *das* Verfahren oder *die* Methode. (Käpplinger, 2002, S. 3ff.) Die Erfassung von Kompetenzen in der Praxis erfolgt weitgehend – mit einigen Ausnahmen – abgekoppelt von der akademischen Auseinandersetzung. Zudem bedienen sich die zahlreichen Verfahren zur Kompetenzbilanzierung nur teilweise und wenn, dann häufig unsystematisch, einer klaren Definition von Kompetenz.

Sie sind zum überwiegenden Teil aus praktischen Erwägungen entstanden, in ihrem funktionalen Anspruch und ihrer regionalen Reichweite begrenzt und auf partikulare Zielsetzungen beschränkt.

Es gibt mittlerweile einen attraktiven Markt für die unterschiedlichsten Verfahren von urheberrechtlich geschützten, wissenschaftlich begleiteten und eigens entworfenen Verfahren.

Es existieren in der Praxis viele Mischformen dieser Verfahrensweisen, wobei häufig weniger die Exaktheit und Validität der Erfassung als Ziele eine Rolle spielen, sondern ihre Handhabbarkeit und Kostenüberlegungen (Preißer, 2003, S.1ff.).

Zudem werden Instrumente der Kompetenzerfassung zu unterschiedlichen Anlässen und Kontexten durchgeführt oder es gibt Verfahren, die verschiedene Instrumente miteinander verbinden.

Ansätze der Systematisierung

Je nach Ausgangsort und Fragestellung wurden unterschiedliche Versuche unternommen, diese Vielfalt von Verfahrensansätzen anhand von Kategorien und Kriterien zu ordnen und zu unterscheiden. Ein einheitliches Systematisierungskonzept gibt es nicht, der Nutzen ist dementsprechend vielfältig.

Nach Kaufhold (2008, S. 16) sollen Ansätze der Systematisierung verschiedene Funktionen haben. Sie sollen

- eine vergleichende Darstellung der Kompetenzerfassungsverfahren bieten,
- eine Orientierung und die Möglichkeit der Auswahl geben,
- einen Beitrag zur Theorielegung in der Diskussion leisten,
- Aussagen darüber treffen, inwiefern ein Verfahren Besonderheiten von Kompetenz bei der Erfassung berücksichtigt
- und/oder Ansatzpunkte für die Entwicklung von Kompetenzerfassungsverfahren ermöglichen.

Zwei Autorinnen haben sich in den letzten Jahren im Rahmen ihrer Forschungsarbeiten zur Kompetenzerfassung mit den verschiedenen Ansätzen der Analyse und Systematisierung der Verfahren intensiv auseinandergesetzt: Julia Gillen und Marisa Kaufhold. Die von ihnen vorgestellten Systematisierungsversuche sollen an dieser Stelle kurz vorgestellt werden.

Erfassung – Anerkennung

Bei der *Erfassung* von Kompetenzen geht es in erster Linie darum, diese aufzunehmen, zu identifizieren und anschließend bewusst zu machen. Dagegen beinhaltet die „[...] Bewertung [bzw. *Anerkennung*] die Anrechenbarkeit der Ergebnisse der Kompetenzanalysen in bestehenden Systemen wie dem formalen Bildungssystem oder dem Arbeitsmarkt“, wie z.B. mit einem Zertifikat oder Diplom. (Gillen, 2006, S. 109)

Subjektiv – objektiv

Die von Erpenbeck/von Rosenstiel eingeführte Unterscheidung in *subjektive* und *objektive* Verfahren der Kompetenzerfassung geht davon aus, dass auf der einen Seite die *objektiven* Verfahren auf der Vorstellung basieren, dass sich Kompetenzen als naturwissenschaftliche Größe messen und definieren lassen. So sei der „erklärungsorientierte Denkstil ... darauf gerichtet, kausale oder statistische Aussagen zu finden, die künftiges Handeln ... voraussagen". (Erpenbeck/von Rosenstiel, 2007, S. XXVIff.)

Kompetenzen seien aber grundsätzlich nicht objektiv erfassbar, daher versuchen subjektiv ausgerichtete Verfahren die Kompetenzen zu beschreiben bzw. einzuschätzen, wobei Selbst- und Fremdeinschätzung ähnlich gewichtet werden.

Direkt – indirekt

Direkte Verfahren basieren auf Beobachtung und Einschätzung des situativen Verhaltens einer Person wie beispielsweise bei einem Assessment-Center. *Indirekte* Verfahren wie der ProfilPass betrachten vergangene Situationen und nehmen auf deren Basis eine Einschätzung von Kompetenzen vor. (Gillen, 2006, S. 110)

Situativ – biografisch

Situative Verfahren betrachten lediglich die zum Zeitpunkt der Erfassung vorhandenen Kompetenzen. *Biografische* Verfahren betrachten dagegen die Kompetenzentwicklung, in dem sie die Lebens- und Arbeitsbiografie betrachten. (Gillen, 2006, S. 111)

Quantitative – qualitative Methoden

Während *quantitative* Methoden und Instrumente sich an dem naturwissenschaftlichen Messen und Zählen orientieren und im Vordergrund der Überlegungen die Frage stand, wie „die jeweils zu erhebenden Merkmale operationalisiert bzw. quantifiziert werden können", hat die *qualitative* Verfahrensausrichtung ihre Wurzeln in der Hermeneutik und „versucht, die zu erhebenden Merkmale oder Sachverhalte verstehend und in ihrer Komplexheit zu erschließen [...]. Dieser Forschungsansatz arbeitet mit Verbalisierungen der Erfahrungswirklichkeit, die interpretativ ausgewertet werden sollen." (Kaufhold, 2006, S. 126)

Der genauere Blick auf die unterschiedlichen Verfahren der Kompetenzerfassung belehrt uns, dass eine klare Trennung in quantitative (Methoden des Messens und Zählens) und qualitativ orientierte Methoden (verstehende Verfahren und Instrumente) „... als nicht mehr haltbar einzustufen" ist, wir finden eher die Verbindung beider Ansätze. (Kaufhold, 2006, S. 126)

Selbsteinschätzung – Fremdeinschätzung

Die Beschreibungen und Beurteilungen von Kompetenzen beruhen auf *Selbsteinschätzungen* und/oder auf *Fremdeinschätzungen.*

Bei der *Selbsteinschätzung oder -beurteilung* „ist die Person selbst aufgefordert ihr Handeln zu beurteilen. Im Kontext von Kompetenzerfassung werden Selbstbeurteilungen unter der Prämisse eingesetzt, dass eine Person ihr Handeln selbst am besten einschätzen und beurteilen könne". (Kaufhold 2006, S. 128f.)

Die *Fremdbeurteilung oder -einschätzung* erfolgt durch eine oder mehrere Personen, die das Handeln beurteilen. „Fremdbeurteilung sind auf einen kleinen Ausschnitt beschränkt, da die Beurteiler nur in ausgewählten Situationen ... mit der Person zusammentreffen. Dennoch gelten sie häufiger als zuverlässiger und insgesamt qualitativ besser als Selbstbeurteilungen." (Kaufhold 2006, S. 128)

Quantitative – qualitative Gütekriterien

Bei psychometrischen Verfahren der Eignungsdiagnostik finden wir die klassischen *quantitativen Gütekriterien:* Objektivität, Reliabilität und Validität.

Neuere und eher *qualitativ ausgerichtete Gütekriterien*, die wir auch bei anderen Verfahren der Kompetenzerfassung finden, sind nach Kaufhold (2006, S. 137ff.):

- *Fairness:* Wird bei der Durchführung und Auswertung der Daten auf den Datenschutz, die Vollständigkeit der Daten, Transparenz und auf Chancengleichheit geachtet?
- *Nutzen:* Wie sieht der praktische Bedarf der Ergebnisse aus? Rechtfertigt der Nutzen den Aufwand und wird das angestrebte Ziel erreicht?
- *Ökonomie:* Stehen die Kosten im angemessenem Verhältnis zum erzielten Nutzen? Gibt es eine kurze Durchführungszeit, wenig Materialverbrauch, einfache Handhabbarkeit und eine schnelle, bequeme Auswertung?
- *Akzeptanz*: Wird das Verfahren von allen beteiligten Akteursgruppen akzeptiert, damit die Ergebnisse überhaupt einen Nutzen entfalten können?

Summativ – formativ

Als *summativ* oder auch bilanzierend sind alle Verfahren zu bezeichnen, die Kompetenzen anhand von Zeugnissen und Zertifikaten erfassen und sich somit an nationalen Qualifikationssystemen und Berufen oder an unternehmensspezifischen Aufgaben- oder Tätigkeitsbereichen orientieren. „Obwohl die Nachweise sehr unterschiedliche Formen annehmen können, besteht ihr wesentliches Ziel darin, den

Übergang zwischen verschiedenen Stufen und Bereichen zu erleichtern. Im Unterschied zu klassischen Formen der Zertifizierung wie Diplomen oder Ausbildungsabschlussprüfungen, wird dort der individuelle berufliche Entwicklungsstand als Kriterium herangezogen und auch exklusiv objektive Prüfungskriterien. Damit wird der Forderung beruflicher Aufstiegs- und Entwicklungswege jenseits traditioneller linearer Berufslaufbahnen entsprochen." (Gillen 2003, S. 12f.)

Formativ oder prozessbezogen sind dagegen diejenigen Verfahren, die Lern- und Entwicklungsprozesse unterstützen, indem sie den Lernenden eine Rückmeldung über ihren Leistungsstand und ihr Entwicklungspotenzial geben. (Bjornavold 2001, S. 23; Gillen 2006, S. 108f.). Hier geht es „um die Erhebung der im Laufe des Lebens erworbenen informellen Kompetenzen, damit setzen sie viel früher bzw. ganzheitlicher an ..., da der Schwerpunkt des Interesses auf dem Entwicklungsaspekt des Einzelnen liegt und die Verfahren zur Kompetenzanalyse mit den Entwicklungsberatungen kombiniert" werden. (Gillen 2003, S. 13)

Mit dieser Unterscheidung wird auf das Anliegen verwiesen, das mit dem Einsatz des Instrumentes verfolgt wird.

Entwicklungsorientiert – anforderungsorientiert

Entwicklungsorientierte Verfahren zielen auf die Darstellung aller vorhandenen Fertigkeiten, Fähigkeiten und Abschlüsse, die sich eine Person im Laufe seines Lebens angeeignet hat. *Anforderungsorientierte* Verfahren betrachten dagegen aktuelle berufliche Tätigkeiten. Hier stehen Kompetenzen im Vordergrund, die für die Anforderung am Arbeitsplatz verlangt werden.

„Während für Kompetenzerhebungen in der Personalentwicklung anforderungsorientierte Verfahren angewandt werden, die auf die Beurteilungen der Personen und ihrer Leistungspotenziale und Schlussfolgerungen für entsprechende Maßnahmen innerhalb des Unternehmens abzielen, geht es in berufspädagogischen Ansätzen z.T. explizit um die Erhebung der im Laufe des Lebens erworbenen informellen Kompetenzen – damit setzen sie viel früher bzw. ganzheitlicher an. Diese Ansätze sind in der Regel als entwicklungsorientiert einzustufen, da der Schwerpunkt des Interesses auf dem Entwicklungsaspekt des Einzelnen liegt und die Verfahren zur Kompetenzanalyse mit den Entwicklungsberatungen kombiniert wird". (Gillen, 2003, S. 12)

Einige der hier aufgeführten Gegensatzpaare zur Systematisierung der Verfahren zur Kompetenzerfassung finden wir hauptsächlich in der Kompetenzforschung wieder. Wenn wir den Blick aber auf die Gruppe der Anwender und Interessierten jenseits der Forschung richten, rücken insbesondere die Systematisierungsansätze in den Vordergrund, die eine Orientierung, einen Vergleich der Kompetenzerfassungsverfahren und die Möglichkeit der Auswahl ermöglichen.

Nach Preißer „haben sich als praktikable und zugleich trennscharfe Unterscheidung dieser Vielfalt von Ansätzen zur Kompetenzbilanzierung" die Zuordnungsunterscheidungen „summativ-formativ" und „subjektorientiert-anforderungsorientiert" erwiesen. (Preißer 2003, S. 2)

Durch eine solche Systematisierung sollte es zumindest möglich sein, alle Verfahren grob einzuordnen.

Literatur

Bjornavold, J. (2001). Lernen sichtbar machen. Ermittlung, Bewertung und Anerkennung nicht-formal erworbener Kompetenzen in Europa. Luxemburg: Amt für amtliche Veröffentlichungen der Europäischen Gemeinschaften.

Enggruber, R., & Bleck, C. (2005). Modelle der Kompetenzfeststellung im beschäftigungs- und bildungstheoretischen Diskurs – unter besonderer Berücksichtigung von Gender Mainstreaming. Dresden. Verfügbar unter http://www.equalsachsen-sozialwirtschaft.de/download/Modelle_gesamt.pdf, Stand: 18.03.2010.

Erpenbeck, J., & Rosenstiel, L. von (Hrsg.) (2003). Handbuch Kompetenzmessung: Erkennen, verstehen und bewerten von Kompetenzen in der betrieblichen, pädagogischen und psychologischen Praxis. Stuttgart: Schäffer-Poeschel.

Erpenbeck, J., & Rosenstiel, L. von (2007). Handbuch Kompetenzmessung: Erkennen, verstehen und bewerten von Kompetenzen in der betrieblichen, pädagogischen und psychologischen Praxis (2., überarb. und erw. Aufl.). Stuttgart: Schäffer-Poeschel.

Gillen, J. (2003). Kompetenzanalysen und Kompetenzerhebung – eine Bestandsaufnahme aus arbeitnehmerorientierter Perspektive. Verfügbar unter http://www.komnetz.de.

Gillen, J. (2006). Kompetenzanalysen als berufliche Entwicklungschance: Eine Konzeption zur Förderung beruflicher Handlungskompetenz. Bielefeld: Bertelsmann (Helmut-Schmidt-Univ., Diss. u.d.T.: Gillen, Julia: Kompetenzanalysen als Beitrag zur Förderung von Kompetenzentwicklung – Hamburg, 2006.).

Käpplinger, B. (2002). Anerkennung von Kompetenzen: Definitionen, Kontexte und Praxiserfahrungen in Europa. Verfügbar unter http://www.diebonn.de/esprid/dokumente/doc-2002/kaepplinger02_01.pdf. Stand: 10.04.2010.

Kaufhold, M. (2006). Kompetenz und Kompetenzerfassung: Analyse und Beurteilung von Verfahren der Kompetenzerfassung (1. Aufl.). Wiesbaden: VS Verlag für Sozialwissenschaften.

Kaufhold, M. (2008). Möglichkeiten der Kompetenzerfassung. Anforderungen an Kompetenzerfassungsverfahren. Vortrag auf der Fachtagung KomPass in Bielefeld. Manuskript.

Preißer, R. Anerkennung von informell erbrachten Lernleistungen durch Weiterbildungspässe – ein Beitrag zur Förderung des lebenslangen Lernens? Verfügbar unter http://www.strukturnetz.de/download//Artikel/preisser_ruediger_anerkennung_von_informell_erbrachten_lernleistungen_durch_weiterbildungspaesse.pdf.

Strauch, A., Jütten, S., & Mania, E. (2009). Kompetenzerfassung in der Weiterbildung: Instrumente und Methoden situativ anwenden. Bielefeld: Bertelsmann.

Andreas Schulte Hemming und Asja-Berenike Schüller

Das Projekt IBAK und die Inventarisierung der Verfahren und Instrumente zur Kompetenzerfassung

Das Projekt „Identifizierung, Bewertung und Anerkennung informell erworbener Kompetenzen", kurz IBAK, startete im Dezember 2008. Das zweijährige Projekt wird durch das EU-Programm „Lebenslanges Lernen" gefördert und von Partnerorganisationen aus Deutschland, Österreich, den Niederlanden, Frankreich, Litauen, der Slowakei und der Schweiz getragen.

IBAK verfolgt im Wesentlichen zwei Ziele, die eng miteinander verknüpft sind:

Zum einen gilt es, Verfahren und Instrumente der Erfassung von informell erworbenen Kompetenzen zu inventarisieren und diese in einer Datenbank, die im Projekt den Namen *Virtueller Instrumentenkoffer* trägt, allen Interessierten zugänglich zu machen.

Zum anderen richtet sich das Projekt IBAK an interessierte Professionals aus den Einrichtungen der Erwachsenenbildung und anderen Organisationen, die mit der Identifizierung, Bewertung und Anerkennung von informell erworbenen Kompetenzen befasst sind. Diesen sollen durch praxiserprobte und -taugliche Materialien Impulse gegeben werden, durch regionale, nationale und internationale Methodenwerkstätten soll der Erfahrungsaustausch untereinander angeregt und über das Projekt hinaus eine verstärkte Aufmerksamkeit, Kooperation sowie ein Kenntnistransfer angestrebt werden.

Die Inventarisierung

Die Erfassung der Verfahren und Instrumente zur Identifizierung, Bewertung und Anerkennung von informell erworbenen Kompetenzen erfolgte in mehreren Schritten, in Verbindung mit einigen Feedbackschleifen:

Der erste Schritt umfasste die Recherche und Sammlung der Kompetenzerfassungsverfahren, die im „unmittelbaren Zugriff" der beiden deutschen Partner HeurekaNet e.V. (Münster) und der KAB (Region Münsterland) zur Verfügung standen. Ergänzt wurde diese Sammlung bis Ende März 2009 durch eine intensivere Internetrecherche.

Im zweiten Schritt erfolgte dann im Mai 2009 eine erste Befragung der Mitarbeiterinnen und Mitarbeiter von Erwachsenenbildungseinrichtungen im Umfeld der Stadt Münster und KAB-Bildungseinrichtungen zu ihrem Kenntnisstand und ihren Erfahrungen mit den gesammelten 40 Verfahren und Instrumenten der Kompetenzerfassung.

Anschließend wurden die rund 40 Verfahren und Instrumente in einer zuvor entwickelten Datenbank eingegeben, um Interessierten auch den Zugriff über die Projektwebsite www.competences.info zu ermöglichen.

Während der „Regionalen Methodenwerkstatt Münsterland", die am 17. Juni 2009 in Münster stattfand, kam neben der Vorstellung der inventarisierten Verfahren erstmals ein intensiverer Erfahrungsaustausch zum Tragen.

Bei einer Mailing-Aktion im Dezember 2009 wurden alle Entwickler bzw. Anbieter der erfassten Verfahren angeschrieben mit der Bitte um Ergänzungen und Korrekturvorschläge der bisher eingegebenen Daten.

War bisher ein Großteil der Rückmeldungen und Erfahrungsmitteilungen von geringem Kenntnisstand gekennzeichnet, so änderte sich die Situation mit der Nationalen Methodenwerkstatt in Köln am 21. Januar 2010. Dort fanden sich unter den 30 Teilnehmerinnen und Teilnehmern aus der ganzen Bundesrepublik Entwickler und erfahrene Anwender von Verfahren der Kompetenzerfassung.

Auch die im März 2010 erfolgte Telefonbefragung der Entwickler und Anbieter der Verfahren und Instrumente, die in der Datenbank und mittlerweile auf 62 angewachsenen waren, zeigte einen regen Erfahrungs- und Informationsaustausch.

Den Abschluss bilden sowohl die Aufnahme der Verfahren der Partnerorganisationen in den *Virtuellen Instrumentenkoffer* als auch die Ergebnisse der Internationalen Methodenwerkstatt am 05./06. Mai 2010 in Bratislava.

Die Datenbank

Für die Erfasssung und Auswertung der Datensammlung wurde ein Kriterienkatalog erarbeitet und der Datenbank zugrunde gelegt, die unter www.competences.info einsehbar ist. Folgende Angaben der Kompetenzerfassungsverfahren und -instrumente sollten erfasst werden:

- Wer entwickelte das Verfahren? Wer vertreibt es bzw. hat das Copyright?
- Welche Zielgruppen sollen erreicht werden?
- Welche Personen bzw. Organisationen führen es durch?

- Welche Voraussetzungen verlangt das Verfahren von den Durchführenden und von den Teilnehmenden?
- Welche Instrumente kommen zum Einsatz?
- Wie sieht der zeitliche und der finanzielle Aufwand aus?
- Welches Kompetenzverständnis liegt dem Verfahren zugrunde?
- Kann mit dem Verfahren eine Anerkennung bzw. Validierung erreicht werden?

Die Informationsbasis für die Datenbank setzt sich wie folgt zusammen:

- Originalmaterialien (Handbücher, Testbögen, Informationsbroschüren usw.)
- Sekundärliteratur (Berichte, Studien, Handbücher, Forschungsartikel ...)
- Webseiten der Anbieter und Entwickler
- Direkte Informationen und Hinweise von Entwicklern und Anbietern

Die in der Datenbank aufbereiteten Informationen sollen zum Ende des Projekts in eine benutzerfreundliche Form gebracht werden, so soll dieser *Virtuelle Instrumentenkoffer* folgende Kriterien erfüllen:

- Alle an dem Projekt beteiligten Partnerorganisationen stellen ihre inventarisierten Verfahren und Instrumente ein.
- Eine Verschlagwortung in englischer Sprache soll den Zugang auch zu den Verfahren und Methoden erleichtern, die in ihrer jeweiligen Landessprache eingestellt wurden.
- Es sind alle wesentlichen Informationen (Ziele, Zielgruppe, Instrumente, Ablauf, Aufwand u.a.) enthalten, die ein erstes Verständnis des Verfahrens ermöglichen.
- Eine Suchfunktion soll die zielgerichtete und schnelle Auswahl geeigneter Verfahren und Instrumente zulassen.
- Aktuelle Angaben über die Entwickler und Anbieter sollen den Kontakt zu diesen erleichtern.

Die Datenlage und Reichweite der Erfassung

Der Hinweis an dieser Stelle auf einige Ergebnisse der Erhebung soll dazu dienen, Fragen der Reichweite und der vorhandenen Datenlage der bisherigen Datenbank aufzuzeigen. Zur Verdeutlichung wurde eine Auswahl an Angaben gewichtet.

Unter den erfassten Verfahren befinden sich in der Rubrik *Zielgruppen* die Gruppe der *Schüler/-innen* und *Jugendlichen* mit zusammen 53%, die *Arbeitnehmer/-innen* mit 23% und die Gruppe der *Arbeitslosen* mit 15%. (Bei der Datenerhebung waren Mehrfachnennungen möglich.) Die größte Gruppe bilden aber die Verfahren und Instrumente, die keine spezielle Zielgruppe benennen. In der Rubrik *Verfahrensziele* ist die *Einschätzung eigener Kompetenzen* mit 70% der Spitzenreiter unter den Nennungen, gefolgt von *Unterstützung bei der Berufswahl* mit 35%. Bei der Angabe der *Methoden und Instrumente* waren die *Fragebögen* in Verbindung mit *Selbstbeschreibungen* mit 50% vertreten.

Aufgrund dieser Ergebnisse könnte man nun den Schluss ziehen, dass es in Deutschland hauptsächlich solche Verfahren gibt, die sich an Schülerinnen und Schüler mit dem Ziel richten, ihre eigenen Kompetenzen mittels Fragebogen in der beruflichen Orientierungsphase selbst einzuschätzen.

Dieser Eindruck täuscht. Forschungsliteratur, die Diskussionen und der Erfahrungsaustausch während der durchgeführten Methodenwerkstätten sowie die zahlreichen direkten Gespräche mit den Entwicklern und Anbietern weisen auf Informationslücken der Datenbank hin.

Kritische Betrachtungen der Erhebung und Ergebnisse

Ganz allgemein lässt sich sagen, dass die Schwachstellen der Datenerhebung in der lückenhaften und verzerrenden Informationslage liegen.

So gibt es die angestrebten *Zielgruppen*, wie sie in den Broschüren und Selbstdarstellungen der Entwickler und Anbieter angegeben werden, und die empirisch vorfindbaren Teilnehmer/-innen der Verfahren. Sie sind nicht deckungsgleich und Informationen dazu liegen nur selten vor.

Viele Verfahren sind bis zum heutigen Zeitpunkt *nicht evaluiert* worden oder ihre Daten sind veraltet. Besonders häufig davon betroffen sind die kostenfrei zum Download bereitstehenden Verfahren, diejenigen aus dem Non-Profit-Sektor oder solche unter staatlicher Trägerschaft.

Wiederum führt eine große Anzahl von Verfahren mittlerweile ein *Eigenleben*, wovon insbesondere die Verfahren betroffen sind, die keinem Copyright oder einer strengen Lizenzvergabe unterliegen. So finden sich diese Instrumente im Internet nicht nur als Informationsquelle wieder, deren Verweise (Links) und Kontaktadressen zwar längst ins Leere laufen, die aber immer noch mit Erfolg durchgeführt oder in ihre Einzelteile zerlegt und in neuer Form wiederbelebt werden. Die ursprünglichen Entwickler oder Anbieter sind darüber nicht unbedingt informiert, wenn sie überhaupt noch ausfindig zu machen sind.

Der *Zugriff auf Informationen* von Entwicklern und Anbietern, die ihren Schwerpunkt in Unternehmen haben, oder von Betrieben, die eigene Verfahren der Kompetenzerfassung im Rahmen der Personalauswahl oder -entwicklung einsetzen, gestaltete sich als äußerst schwierig: Die Herausgabe von Daten wird als kritisch angesehen oder der Untersuchung wird ein geringer Stellenwert beigemessen.

Die Zurückhaltung in der Bereitstellung von Informationen zeigte sich insbesondere auch bei den Anbietern, die auf psychometrische Verfahren, die hohe Entwicklungskosten beinhalten, zurückgreifen. Aufgrund der Konkurrenzsituation mit ähnlich ausgerichteten Verfahren ist man vorsichtig mit der Preisgabe wertvoller Daten.

Erst eine während der Telefonbefragung gestellte Frage nach den *Erfahrungen und Bewertungen der Verfahrensdurchführung* brachte ausschließlich gute oder hervorragende Antworten hervor. Fehlende Evaluationen, nicht veröffentlichte Erfahrungswerte und das Interesse an einer möglichst positiven Darstellung auf dem Markt der kommerziell ausgerichteten Anbieter lassen anscheinend keine differenzierte Betrachtung des eigenen Verfahrens zu. Hinweise auf mögliche Schwächen und Grenzen gab es nur aus dem Non-Profit-Sektor.

Nach dieser kritischen Beleuchtung der Datenlage soll hier noch auf zwei Aspekte hingewiesen werden:

Baden-Württemberg ist das Bundesland in Deutschland, gefolgt von Nordrhein-Westfalen, das nicht nur die meisten Entwickler von Verfahren und Instrumenten beherbergt, sondern anscheinend auch den höchsten *Verbreitungsgrad* vorweisen kann, u.a. durch die Förderung und Initiierung auf landespolitischer Ebene.

Die Vorgaben der Schulministerien der Bundesländer, das Thema *Berufsorientierung* verpflichtend für alle Schultypen umsetzen zu lassen, hat zu einer wahren Flut von unterschiedlichsten Konzepten und Durchführungsmodellen in den Schulen geführt, da die meisten Bundesländer die inhaltliche Umsetzung den Schulen selbst überlassen haben. Feststellen lässt sich, dass die Verfahren und Instrumente der Kompetenzerfassung als fester Bestandteil dieser umgesetzten Vorgaben ihren Weg in die Schulen gefunden haben. Wird an vielen Orten noch um die Akzeptanz der Erfassung von informell erworbenen Kompetenzen gerungen, so reifen an den Schulen im Rahmen ihrer Vorbereitung auf das Leben nach der Schule junge Menschen heran, für die es etwas ganz Selbstverständliches ist oder sein wird, sich der Erforschung der eigenen Fähigkeiten und Kompetenzen zu widmen.

Perspektiven und der *Virtuelle Instrumentenkoffer*

Trotz einiger Hinweise auf die Schwachstellen der Datenbank waren die Rückmeldungen und Kommentare in den Methodenwerkstätten und bei den Telefonbefragungen vonseiten der Anbieter und Entwickler positiv und zumeist gekoppelt mit der Bestärkung, die Datenbank zu erweitern und weiterhin zu pflegen, da sie in ihrer frei zugänglichen Form einzigartig in Deutschland sei.

Und dennoch: Um den Kreis der Wahrnehmung von Entwicklern, Anbietern und Wissenschaftlern um die Gruppe der Trainer/-innen, Berater/-innen, Praktiker und Teilnehmenden zu erweitern, können die eingegebenen Ergebnisse der Datenbank nicht direkt in die endgültige Form des *Virtuellen Instrumentenkoffers* münden.

Können auch die Daten größtenteils durch die verschiedenen Feedbackschleifen als gesichert gelten und die wesentlichen Informationen der Datenbank die Grundlage für die Weiterentwicklung sein, so muss der *Virtuelle Instrumentenkoffer* neben den oben aufgeführten Kriterien noch ein weitere grundlegende Bedingung erfüllen: Die Aufbereitung der Verfahren und Instrumente durch einzelne Items muss einer Darstellung der Verfahren weichen oder um diese ergänzt werden, die einen Gesamtblick auf das Verfahren und seine Durchführung erlaubt, damit der Aufbau und das zugrunde liegende Konzept mit seinen Voraussetzungen wie z.B. das Kompetenzverständnis verstehbar wird.

Das alles schließt eine weitere Vervollständigung, Überprüfung und Akzentuierung der Daten im Sinne einer benutzerfreundlichen Datenbank ein.

Andreas Schulte Hemming und Asja-Berenike Schüller

Verfahren und Instrumente in Deutschland – eine Kurzvorstellung

Die Vorstellung der hier aufgeführten Verfahren und Instrumente der Kompetenzerfassung in knapper Form sind ein Ergebnis des IBAK-Projekts 2008–2010. Die Informationen basieren zu einem großen Teil auf Angaben, wie sie auch in der Datenbank *www.competences.info* zu finden sind. Diese Datenbank enthält auch Verfahren aus den Niederlanden, der Schweiz, Österreich, Frankreich, Litauen und der Slowakei.

Die vorgestellte Sammlung erhebt keinen Anspruch auf Vollständigkeit der in Deutschland zugänglichen und angewandten Verfahren. Verfahren wie zum Beispiel das Schweizerische Qualifikationshandbuch (CH-Q) oder die Laufbahnorientierte Kompetenzberatung des Kompetenzzentrums Tirol wurden in dieser Verfahrensliste nicht berücksichtigt, da sie zwar in deutscher Sprache verfügbar sind und auch in Deutschland durchgeführt werden, es sich aber um Entwicklungsprodukte der Schweiz bzw. Österreichs handelt.

Name des Verfahrens	ANEKO – ein Verfahren zur Anerkennung von informell erworbenen IT/Office-Kompetenzen
Zielgruppe	Personen aus dem Bereich EDV-Arbeit für eine Überprüfung der Selbsteinschätzung und einen aussagekräftigen Nachweis. Firmen, um den Kenntnisstand der Mitarbeiter/-innen zu erheben, Grundlage für Weiterqualifizierung.
Beschreibung	ANEKO ist ein Verfahren zur Anerkennung von informell erworbenen IT/Office-Kompetenzen (IT-Grundlagen, Windows, Textverarbeitung, Tabellenkalkulation, E-Mail, Internet).
Methoden/ Instrumente	Ein standardisierter Fragebogen zur Selbsteinschätzung des vorhandenen Wissens, eine zu lösende Praxisaufgabe und eine Beurteilung durch einen IT-Fachmann bilden die Grundlage für ein abschließendes Gespräch zur Analyse der Ergebnisse und Hinweise auf Konsequenzen.
Ziel/Ergebnis	ANEKO dient der persönlichen Standortbestimmung, als Grundlage für gezielte Weiterqualifizierung und als aussagefähiger Nachweis über IT-/Office-Kompetenzen. Ein Gutachten weist eine detaillierte Einschätzung der vorhandenen IT-/Office-Kompetenzen aus.
Lizenzvergabe	VHS Stuttgart
Anbieter	Weiterbildung Baden-Württemberg
Entwickler	Dr. Christine Arbogast, VHS Stuttgart (2002)
Weitere Infos	http://www.fortbildung-bw.de/wb/01_weiterbildungs-interessierte/02_ beratungsstellen/extra_sites/aneko.php

Name des Verfahrens	Azubi-Auswahltest A+B
Zielgruppe	Bewerber für einen Ausbildungsplatz mit mittlerem und höherem Schulabschluss (A) oder Hauptschulabschluss (B) oder Entscheider, die eine Auswahl zwischen Bewerbern treffen müssen.
Beschreibung	Der Auswahltest versteht sich als Entscheidungshilfe, die über die beruflichen Interessen von Bewerbern und ihre Schlüsselqualifikationen Auskunft gibt.
Methoden/ Instrumente	Psychometrischer Test: Fragebogen mit geschlossenen Fragen, die entweder online oder in Papierform bearbeitet werden können. Die Fragen behandeln die Bereiche Schlüsselqualifikationen (Persönlichkeit und Verhalten), berufliche Ziele und Motive, berufliche Interessen, Intelligenzleistung (sprachliches Verständnis, rechnerisches Denken, Problemlösefähigkeit und Konzentrationsleistung).
Ziel/Ergebnis	Auswahl für eine Ausbildung
Zeitbedarf	Version A: etwa 3 Stunden / Version B: etwa 1,5 Stunden
Lizenzvergabe	geva-institut
Kosten	48,60 Euro / Bewerber zzgl. 5,00 Euro pro Zusatzmodul
Anbieter	geva-institut – geva Gesellschaft für Verhaltensanalyse und Evaluation mbH
Entwickler	geva-institut – geva Gesellschaft für Verhaltensanalyse und Evaluation mbH
Weitere Infos	http://www.geva-institut.de

Name des Verfahrens	AZUBI-BK–Arbeitsprobe zur berufsbezogenen Intelligenz: Technische und handwerkliche Tätigkeiten
Zielgruppe	Auszubildende für Büro- und kaufmännische Tätigkeiten; Hauptzielgruppe sind Arbeitnehmer/-innen bei der Übernahme von der Ausbildung in ein Angestelltenverhältnis; Arbeitslose in der Umschulung.
Beschreibung	Bei der AZUBI-BK handelt es sich um ein neuartiges Testkonzept, das die Vorteile von Intelligenztests mit den Vorzügen von Arbeitsproben in sich vereint. Vor dem theoretischen Hintergrund des Berliner Intelligenzstrukturmodells wurden die Aufgaben nach Anforderungsanalysen für Büro- und kaufmännische Berufe konstruiert. Da die AZUBI-BK keine Berufserfahrung voraussetzt, ist sie insbesondere für die Auswahl von Auszubildenden geeignet. Die AZUBI-BK setzt sich aus zwei Modulen – dem Grundmodul und dem Postmodul – zusammen, die verschiedene Schwerpunkte haben und einander ergänzen.
Methoden/ Instrumente	Intelligenztest in Verbindung mit arbeitsprobenähnlichen Aufgaben.
Ziel/Ergebnis	Personalauswahl für Büro- und kaufmännische Tätigkeiten; Beratung von Schulabgängern und Umschülern.
Zeitbedarf	Ca. 65 Minuten
Lizenzvergabe	Hogrefe-Verlag
Kosten	228,00 Euro für kompletten Test bestehend aus: Manual, Instruktion, je 1 Aufgabenheft Grundmodul Form A und B, je 1 Aufgabenheft Postmodul Form A und B, je 5 Aufgabenhefte Kurzmodule Form A und B, je 5 Antwortbögen Grundmodul Form A und B, je 5 Antwortbögen Postmodul Form A und B, 1 CD mit Auswertungsprogramm inkl. 20 Auswertungen und Koffer.
Anbieter	Testzentrale Göttingen
Entwickler	Yvonne Görlich/Heinz Schuler, Lehrstuhl für Psychologie, Universität Hohenheim, Stuttgart (2005)
Weitere Infos	http://www.testzentrale.de

Name des Verfahrens	AZUBI-TH–Arbeitsprobe zur berufsbezogenen Intelligenz: Technische und handwerkliche Tätigkeiten
Zielgruppe	Auszubildende als Personalauswahl für technische und handwerkliche Berufe als Hauptzielgruppe; Arbeitnehmer/ -innen bei der Übernahme von der Ausbildung in ein Angestelltenverhältnis; Arbeitslose in der Umschulung.
Beschreibung	Bei der AZUBI-TH handelt es sich um ein neuartiges Testkonzept, das die Vorteile von Intelligenztests mit den Vorzügen von Arbeitsproben in sich vereint. Da die AZUBI-TH keine Berufserfahrung voraussetzt, ist sie insbesondere für die Auswahl von Auszubildenden geeignet. Das räumliche Vorstellungsvermögen, die Rechenfähigkeit, das technische Verständnis und Rechtschreibkenntnisse werden getestet.
Methoden/ Instrumente	Intelligenztest in Verbindung mit arbeitsprobenähnlichen Aufgaben.
Ziel/Ergebnis	Personalauswahl für technische und handwerkliche Berufe, insbesondere zur Auswahl von Auszubildenden; Berufsberatung von Jugendlichen und Umschülern; Personalentwicklung und Potenzialerkennung; Unterstützung bei der Übernahmeentscheidung von Auszubildenden in ein Angestelltenverhältnis. Neben der Leistung innerhalb der Fähigkeitsbereiche wird ein Gesamtleistungswert der Testperson bestimmt.
Zeitbedarf	Ca. 54 Minuten
Lizenzvergabe	Hogrefe-Verlag
Kosten	148,00 Euro für Manual, Instruktion, 1 Testheft Form A, 1 Testheft Form B, 10 Antwortbögen, Lösungsschablone und Mappe, Software: 420,00 Euro für PC-Version inkl. 50 lokale Durchführungen und Manual
Anbieter	Testzentrale Göttingen
Entwickler	Y. Görlich/H. Schuler, Lehrstuhl für Psychologie, Universität Hohenheim, Stuttgart (2007)
Weitere Infos	http://www.testzentrale.de

Name des Verfahrens	Berufsinteressen-Test
Zielgruppe	Schüler/-innen, Auszubildende, Studierende
Beschreibung	Der Berufsinteressen-Test versteht sich als fundierte Entscheidungsgrundlage, um dem passenden Berufsweg von Anfang an gezielt zu verfolgen.
Methoden/ Instrumente	Der Online-Testfragebogen mit 256 geschlossenen Fragen bewegt sich entlang der Bereiche Berufsinteressen, Talente und Schlüsselqualifikationen.
Ziel/Ergebnis	Im ersten Teil der Auswertung wird zusammengefasst, wie stark das Interesse der Teilnehmer für die verschiedenen Berufsfelder ausgeprägt ist. In einem weiteren Teil wird ausgewertet, in welchen Tätigkeitsbereichen die Begabungen gesehen werden. Der dritte Teil zeigt, durch welche Schlüsselqualifikationen sich der Teilnehmer auszeichnet und wie sie im Beruf eingesetzt werden können. Das Zertifikat enthält neben einer kurzen Beschreibung des Tests und des geva-instituts als persönliche Urkunde die wichtigsten Testergebnisse. Dazu gehören die beruflichen Interessen, Talente und Schlüsselqualifikationen.
Zeitbedarf	Durchführung ca. 30 Minuten, Auswertung der Ergebnisse nach etwa 5 Werktagen.
Lizenzvergabe	geva-institut
Kosten	Test inkl. Auswertung – Online-Version 19,80 Euro (zzgl. 6,00 Euro Bearbeitungsgebühr bei Versand der Auswertung per Post); Test inkl. Auswertung – Print-Version 4,80 Euro (zzgl. 4,50 Euro Versandkosten für Fragebogen und Auswertung); Zertifikat 12,50 Euro (zzgl. Versandkosten)
Anbieter	geva-institut – geva Gesellschaft für Verhaltensanalyse und Evaluation mbH
Entwickler	geva-institut – geva Gesellschaft für Verhaltensanalyse und Evaluation mbH (1992)
Weitere Infos	http://www.geva-institut.de

Name des Verfahrens	Berufsprofiling Online
Zielgruppe	Schüler/-innen, Auszubildende, Studierende, Mädchen, Frauen, Arbeitnehmer/-innen, von Arbeitslosigkeit Bedrohte, Arbeitslose
Beschreibung	Das Berufsprofiling Online ist ein kostenfreies Testverfahren zur Ermittlung individueller Stärken und Interessen.
Methoden/ Instrumente	Standardisierter Fragebogen, online
Ziel/Ergebnis	Eine detaillierte Diagnose der individuellen Personenmerkmale (Persönlichkeit, kognitive Fähigkeiten, Interessen und Biografie) entwirft ein Personenprofil, das die individuellen Fähigkeiten und Fertigkeiten widerspiegelt. Die Rückmeldung erfolgt in Form eines schriftlichen Gutachtens, je nach Einsatzfeld bis hin zur Empfehlung passender Berufe.
Zeitbedarf	Ca. 60 Minuten
Lizenzvergabe	HR Diagnostics AG, Stuttgart
Kosten	Kostenfrei
Anbieter	HR Diagnostics AG, http://www.HR-Diagnostics.de
Entwickler	Institut für Berufsprofiling (2008)/HR Diagnostics AG
Weitere Infos	http://www.berufsprofiling.de/

Name des Verfahrens	Berufswahlorientierung (nicht nur) für Mädchen
Zielgruppe	Jungen und Mädchen ab der 8. Klasse in der Berufswahlphase, Multiplikatoren
Beschreibung	In Schulen sollen insbesondere Mädchen durch die Entdeckung ihrer Talente und Fähigkeiten einen offenen Blick, jenseits typischer Mädchenberufe, für ihre berufliche Zukunft erhalten.
Methoden/ Instrumente	Methodensammlung für Lehrkräfte
Ziel/Ergebnis	Vorhandene Fähigkeiten, in der Regel von Mädchen, sollen entdeckt und gefördert werden für eine breitere Berufs- oder Ausbildungswahl.
Zeitbedarf	Variiert je nach gewählter Variante
Kosten	Kostenfrei
Anbieter	Berufsorientierungszentrum der Berufsbildungsstätte Westmünsterland GmbH für Handwerk und Industrie
Entwickler	Christine Beuker (2007)
Weitere Infos	http://www.kompetenzagentur-ahaus.de

Name des Verfahrens	Berufswahlpass
Zielgruppe	Schüler/-innen ab der siebten Klasse bis zum Schulabschluss.
Beschreibung	Der Berufswahlpass dient der Orientierung der Jugendlichen. Er dokumentiert die individuellen Schritte der Berufsorientierung und Berufsvorbereitung seit der Klasse 7.
Methoden/ Instrumente	Der Berufswahlpass besteht aus einem Ordner, der Checklisten, Aufgaben, Dokumentationsregister und orientierende Fragen enthält.
Ziel/Ergebnis	Die Schülerinnen und Schüler sollen mithilfe des Berufswahlpasses ihre bisherigen Aktivitäten bezüglich der Berufsorientierung (Praktika, Arbeitsamt, Messen) und der Berufsvorbereitung (Bewerbungsschreiben, Vorstellungsgespräche) dokumentieren, weitere mögliche Ausbildungsberufe kennenlernen, sich auf ein Vorstellungsgespräch vorbereiten, sich mit Fragen rund um die Ausbildung (Rechte, Pflichten) auseinandersetzen und sich dafür die notwendige Medienkompetenz (Internetrecherche, Informationssammlung, Textverarbeitung) aneignen und diese anwenden.
Zeitbedarf	Die Teilnehmer können ab der 7. Klasse bis zum Ende ihrer Schulzeit mit dem Instrument betreut werden. Hierbei hängt der Zeitaufwand von jedem einzelnen Schüler ab.
Kosten	Der Berufswahlpass-Ordner kostet 5,00 Euro komplett und in Einzelteilen zum Zusammenstellen 4,00 Euro.
Anbieter	Bundesarbeitsgemeinschaft Berufswahlpass; ansonsten je nach Bundesland unterschiedliche Anbieter.
Entwickler	Unter Federführung Hamburgs im Programm „Schule – Wirtschaft/Arbeitsleben“ des Bundesministeriums für Bildung und Forschung (1999)
Weitere Infos	http://www.berufswahlpass.de

Name des Verfahrens	Big Five – Persönlichkeitstest
Zielgruppe	Keine Angaben
Beschreibung	Ein Persönlichkeitstest, der schon in den 30er Jahren des 20. Jh. seinen Ursprung nahm und in den 70er Jahren seine letztliche Form erhielt. 1993 wurde der Big Five ins Deutsche übertragen. Er basiert auf 5 Dimensionen der Persönlichkeit (Neurotizismus, Extraversion, Offenheit für Erfahrungen, Verträglichkeit und Gewissenhaftigkeit) mit Fragen aus den Bereichen Persönlichkeit, Lebensstil, Werte und Einstellungen.
Methoden/ Instrumente	Ein online-gestützter Fragebogen mit 48 geschlossenen Fragen als Selbsteinschätzung oder als Einschätzung einer dritten Person, die auf einer 5er-Skala von *Sehr zutreffend* bis *Sehr unzutreffend* beantwortet werden.
Ziel/Ergebnis	Der Test Big Five bietet die Möglichkeit, etwas über sich selbst und die eigene Persönlichkeit oder einer anderen vorgestellten Person durch einen Selbsteinschätzungsfragebogen zu erfahren. Die Auswertung erfolgt sofort nach korrektem Ausfüllen des Fragebogens mit einer Art Persönlichkeitsprofil entlang der 5 Dimensionen mit einigen erklärenden Hinweisen.
Zeitbedarf	5 bis 10 Minuten
Lizenzvergabe	Copyright 2000 by U.C. Berkely psychologist Oliver D. John, Ph.D.
Kosten	Kostenfrei
Anbieter	Frei durchführbar
Entwickler	Copyright 2000 by U.C. Berkely psychologist Oliver D. John, Ph.D. (1999)
Weitere Infos	http://de.outofservice.com/bigfive/

Name des Verfahrens	DIALANG – Sprachtest
Zielgruppe	Das Programm steht allen Fremdsprachenlernenden zur Verfügung, die über einen Internetzugang verfügen.
Beschreibung	DIALANG ist ein Test, der für die selbstständige Überprüfung der eigenen Sprachkenntnisse entwickelt wurde. Er gibt den Personen, die den Test machen, Aufschluss über ihr Sprachniveau in den Bereichen Hörverstehen, Leseverstehen, Schreiben, Grammatik und Wortschatz in der gewählten Sprache. Der Test basiert auf dem vom Europarat entwickelten „Gemeinsamen Europäischen Referenzrahmen für Sprachen“.
Methoden/ Instrumente	Diagnostischer Test auf verschiedenen Anspruchsniveaus. Er bietet auch Lerntipps und Ratschläge für die Personen, die die einzelnen Sprachtests durchführen. Die Ergebnisse der jeweiligen Sprachtests sind am Ende einzusehen. Es erfolgt eine Einstufung entsprechend der Skalen des Europarats von A1 bis C2.4. Die 14 DIALANG-Sprachen sind Dänisch, Deutsch, Englisch, Finnisch, Französisch, Griechisch, Irisch, Isländisch, Italienisch, Niederländisch, Norwegisch, Portugiesisch, Schwedisch und Spanisch.
Ziel/Ergebnis	Überprüfung der eigenen Sprachkompetenz auf der Basis des Gemeinsamen europäischen Referenzrahmens für Sprachen. Der Test hilft, die Stärken und Schwächen in der Fremdsprache zu erkennen und zu erfahren, auf welchem Niveau man zurzeit steht.
Zeitbedarf	Ca. 1 Stunde inkl. Auswertungen und Empfehlungen
Anbieter	Keine Angaben
Entwickler	Generaldirektor für Erziehung und Kultur (Europ. Kommission) im Rahmen des SOKRATES-Programms, LINGUA (2007)
Weitere Infos	Zum Europäischen Referenzrahmen der Sprachen: http://www.sprachenportfolio.ch/pdfs/deutsch.pdf

Name des Verfahrens	DIA-TRAIN, DIAgnose- und TRAINingseinheit für benachteiligte Jugendliche im Übergang Schule–Beruf
Zielgruppe	Das Verfahren richtet sich an bildungs- und sozial benachteiligte Jugendliche im Übergang Schule–Beruf wie z.B. schulmüde und abschlussgefährdete Jugendliche, potenzielle Frühabgänger/-innen.
Beschreibung	DIA-TRAIN ist ein handlungsorientiertes Verfahren zur Kompetenzfeststellung, das Schlüsselkompetenzen sowie externe und interne Ressourcen in den Blick nimmt. Es bietet Jugendlichen die Möglichkeit, eigene Kompetenzen zu erkennen und zu trainieren sowie sich neue Lebensperspektiven zu erschließen.
Methoden/ Instrumente	DIA-TRAIN ist ein zehntägiges Programm, das im Block oder modular durchgeführt werden kann. Es umfasst unterschiedliche Verfahren: Sozialtraining, narratives Interview, Kreativitätstraining, Assessment-Center, Lerntraining, erlebnispädagogische Übungen, Zukunftswerkstatt.
Ziel/Ergebnis	Mithilfe von DIA-TRAIN erhalten pädagogische Fachkräfte in sehr kurzer Zeit differenzierte Erkenntnisse über individuelle Kompetenzen und Ressourcen der Teilnehmenden und bekommen Anhaltspunkte für deren individuelle Förderung.
Zeitbedarf	10 Tage im Block oder modular
Lizenzvergabe	Institut für berufliche Bildung, Arbeitsmarkt- und Sozialpolitik (INBAS GmbH)
Anbieter	INBAS GmbH, Servicestelle Weiterbildung, Herrnstraße 53, 63065 Offenbach (Main)
Entwickler	DIA-TRAIN wurde 1999–2001 von einer Projektgruppe, bestehend aus Fachkräften der Jugendberufshilfe, Vertreterinnen der Landesjugendämter des Landes NRW unter Leitung der INBAS GmbH entwickelt und 2002–2003 erprobt.
Weitere Infos	www.inbas.de

Name des Verfahrens	Eignungstest Berufswahl A + B
Zielgruppe	Realschüler/-innen, Fachoberschüler/-innen und Gymnasiasten Klasse 9–13, Auszubildende ab Realschulabschluss, Studierende (A) Hauptschüler/-innen Klasse 8–9 (–10) (B)
Beschreibung	Abgefragt werden: persönliche, soziale und methodische Kompetenzen; sprachliche und rechnerische Leistungen; logisches Denkvermögen; räumliche Vorstellung; Konzentrationsfähigkeit; Allgemeinwissen; Berufsmotive und -interessen.
Methoden/ Instrumente	Der Test kann online im Internet oder als Papierfragebogen bearbeitet werden.
Ziel/Ergebnis	Die Testauswertung umfasst ca. 20 Seiten und enthält neben ganz konkreten Berufsvorschlägen eine Rückmeldung für den Schüler/die Schülerin, wie er/sie sich einschätzt, und über die Ergebnisse des Leistungsteils.
Zeitbedarf	Durchführung 2,75 Stunden (inkl. Instruktionszeit und einer Pause), Auswertung der Ergebnisse nach etwa 5 Werktagen.
Lizenzvergabe	geva-institut
Kosten	Test inkl. Auswertung – Online-Version 38,00 Euro (zzgl. 6,00 Euro Bearbeitungsgebühr bei Versand der Auswertung per Post); Test inkl. Auswertung – Print-Version 45,00 Euro (zzgl. 4,50 Euro Versandkosten für Fragebogen und Auswertung); Zertifikat 12,50 Euro bzw. 19,00 Euro (zzgl. Versandkosten)
Anbieter	geva-institut – geva Gesellschaft für Verhaltensanalyse und Evaluation mbH
Entwickler	geva-institut – geva Gesellschaft für Verhaltensanalyse und Evaluation mbH (2001)
Weitere Infos	http://www.geva-institut.de/schulen/15089.htm

Name des Verfahrens	Europäisches Sprachenportfolio – Teil des EuroPass (Sprachenpass)
Zielgruppe	Schüler/-innen, Auszubildende, Studierende, Arbeitnehmer/-innen, Arbeitslose,Interessierte
Beschreibung	Das Europäische Sprachenportfolio ist ein Lernbegleiter und Informationsinstrument, mit dem die persönliche Lernlaufbahn selbst geplant, eingeschätzt und dokumentiert werden kann. Das Portfolio orientiert sich am „Gemeinsamen europäischen Referenzrahmen für Sprachen" des Europarates. Alle erworbenen Sprachkenntnisse und -fertigkeiten werden so überschaubar und europaweit gut vergleichbar.
Methoden/ Instrumente	Das Europäische Sprachenportfolio besteht aus einem Sprachenpass (Überblick über Sprachkenntnisse und -kompetenzen sowie über interkulturelle Erfahrungen mit erworbenen Diplomen und Zertifikaten), einer Sprachenbiografie (Dokumentation der eigenen Sprachlerngeschichte, Reflexion der Lernerfolge und Planung von Lernzielen) und einem Dossier, in dem Dokumente für den Fortschritt beim Sprachenlernen gesammelt werden.
Ziel/Ergebnis	Die Sprachenkenntnisse sollen selbst eingeschätzt und beschrieben, Lernziele sollen selbst gesetzt und überprüft werden. In und außerhalb der Schule erworbene Abschlüsse, Sprachdiplome und/oder Zertifikate können gesammelt werden. Erfahrungen beim Erlernen von Sprachen sowie interkulturelle Erfahrungen können transparent dokumentiert werden.
Zeitbedarf	1–2 Stunden
Kosten	9,95 Euro
Anbieter	Es kann überall im Buchhandel bestellt werden.
Entwickler	Nationale Agentur Bildung für Europa beim Bundesinstitut für Berufsbildung (NA beim BIBB)
Weitere Infos	http://www.sprachenportfolio-deutschland.de

Name des Verfahrens	EUROPASS – Lebenslauf
Zielgruppe	Schüler/-innen, Auszubildende, Studierende, Arbeitslose sollen damit erreicht werden; aber frei zugänglich.
Beschreibung	Im europass – Lebenslauf können systematisch erworbene Qualifikationen und Kompetenzen dargestellt und so ein umfassendes Profil der eigenen Person abgebildet werden.
Methoden/ Instrumente	Ein fertig formatiertes Formular, das online oder in Papierform individuell bearbeitet werden kann. Die Darstellung erfolgt chronologisch und in flexibler Form.
Ziel/Ergebnis	Ein ausgefüllter Lebenslauf zum Download
Zeitbedarf	1–3 Stunden, je nach Umfang und Vorbereitung
Anbieter	Nationale Agentur Bildung für Europa beim Bundesinstitut für Berufsbildung (NA beim BIBB), Nationales Europass Center (NEC).
Entwickler	Nationale Agentur Bildung für Europa beim Bundesinstitut für Berufsbildung, 2005.
Weitere Infos	http://www.europass-info.de/de/europass-lebenslauf-beispiel.asp

Name des Verfahrens	Hamet2 – Handlungsorientierte Module zur Erfassung und Förderung beruflicher Kompetenzen
Zielgruppe	Haupt- und Realschüler/-innen, allg. Jugendliche mit erhöhtem Förderbedarf, Erwachsene bei spezifischen Fragestellungen (Rehabilitation, Wiedereinstieg in den Beruf, Arbeitslosigkeit), Menschen mit Handicap, Menschen mit körperlicher, geistiger, psychischer oder Sinnesbehinderung
Beschreibung	Hamet2 ist ein Verfahren, das insbesondere für die berufliche Diagnostik von Menschen mit erhöhtem Förderbedarf, Benachteiligungen und Behinderungen konzipiert wurde, aber ebenso in Schulen und Betrieben eingesetzt wird. Die Ergebnisse können bei den genannten beruflichen Entscheidungsprozessen allen Beteiligten zu mehr Orientierung und Transparenz verhelfen.
Methoden/ Instrumente	Die handlungsorientierten Testmodule, die flexibel im Rahmen eines Hamet-Assessment eingesetzt werden können, erfassen berufliche Basiskompetenzen, Lernfähigkeit, soziale Kompetenz und vernetztes Denken, Fehlersuche und Problemerkennung.
Ziel/Ergebnis	Hamet2 will dabei helfen, bei beruflichen Entscheidungen (Neuorientierung, Berufswahl, Umschulung, Ausbildungswechsel u.a.) berufliche Interessen und Fähigkeiten, praktische und soziale Ressourcen zu erkennen. Die Ergebnisse können bei den genannten beruflichen Entscheidungsprozessen allen Beteiligten (Auszubildende, Arbeitnehmer, Arbeitgeber, Kostenträger) zu mehr Orientierung und Transparenz verhelfen.
Zeitbedarf	3 Tage für die Durchführung aller Module.
Lizenzvergabe	Berufsbildungswerk Waiblingen gGmbH
Kosten	Die Grundausstattung für 20 Teilnehmer ist der Koffer für alle Module, 1.260,00 Euro (zzgl. MwSt.) (auch trennbar für Module). Vor der Anwendung muss eine Fortbildung besucht werden.
Anbieter	Berufsbildungswerk Waiblingen gGmbH
Entwickler	M. Dieterich/E. Messerle/M. Goll, Berufsbildungswerk Waiblingen und Offenburg (1999)
Weitere Infos	http://www.bbw-waiblingen.de

Name des Verfahrens	IDA – Instrumentarium zur Diagnostik von Arbeitsfähigkeiten
Zielgruppe	Menschen mit Behinderung aller Art und Menschen mit Handicaps bezogen auf den Arbeitsmarkt (Langzeitarbeitslose, Wiedereinsteiger, Jugendliche aus speziellen pädagogischen Einrichtungen ...)
Beschreibung	IDA ist ein Instrumentarium zur Diagnostik von Arbeitsfähigkeiten, das auf das Dokumentationsinstrument MELBA abgestimmt ist. Mit IDA können diejenigen arbeitsrelevanten Schlüsselqualifikationen (kognitive Fähigkeiten, Fähigkeiten zur Art der Arbeitsausführung, psychomotorische Fähigkeiten und Fähigkeiten aus dem Bereich Kulturtechniken/Kommunikation) erhoben und beurteilt werden, die mit dem Verfahren MELBA dokumentiert werden.
Methoden/ Instrumente	Handlungsorientierte Testverfahren mit 14 standardisierten Arbeitsproben, dazu gehören neben verschiedenen „Papier und Bleistift"-Verfahren auch eine Reihe eher manueller Aufgaben.
Ziel/Ergebnis	IDA ist in Verbindung mit MELBA ein Verfahren, mit dem einerseits die Fähigkeiten einer Person und andererseits die Anforderungen einer Tätigkeit diagnostiziert, dokumentiert und für eine fähigkeitsadäquate Platzierung verglichen werden können.
Zeitbedarf	2,5–4 Std. für alle Arbeitsproben
Lizenzvergabe	Miro GmbH
Kosten	Fortbildung inkl. Material, der Lizenz und Übernachtung mit Vollpension für zwei Tage 995,00 Euro
Anbieter	Miro GmbH
Entwickler	Miro GmbH im Auftrag des Landschaftsverbandes Westfalen-Lippe / Hauptfürsorgestelle (1999)
Weitere Infos	http://www.melba.de/melba/ida.html

Name des Verfahrens	JOBLAB – ein Multimedia-Planspiel zur Berufsorientierung
Zielgruppe	Alle, die sich beruflich orientieren möchten oder anderen Orientierungshilfe sein wollen.
Beschreibung	Das virtuelle Unterwasserlabor JOBLAB ermöglicht die Simulation und Gegenüberstellung unterschiedlicher Berufs- und Lebensentwürfe. In der Simulation können verschiedene Alternativen durchgespielt und deren Vor- und Nachteile abgewogen werden. Das interaktive Medium ermöglicht den Nutzer/-inne/-n, entsprechend ihrer Interessen und Informationsbedürfnisse zu experimentieren und ihre individuellen Faktoren für die Berufswahl auszusuchen und zusammenzustellen.
Methoden/ Instrumente	Interaktives Multimedia-Planspiel mit 7 Modulen: Berufsdesign, Testraum, Berufe im Vergleich, Vernetzung, Ich und mein Beruf, Der Blick der anderen, Vereinbarkeitssimulator.
Ziel/Ergebnis	Berufe werden nach eigenen Wünschen und Vorstellungen erzeugt, mit Fragestellungen eigene Interessen und Neigungen erkundet und ein Profil erstellt. Einzelne Berufe werden genauer untersucht und miteinander verglichen. Das aus den eigenen Interessen und Neigungen erstellte Profil wird mit den Merkmalen von Berufen verglichen und die Sichtweisen anderer Personen über die eigenen Fähigkeiten werden einbezogen. Es werden verschiedene Möglichkeiten der Vereinbarkeit von Familie und Beruf durchgespielt.
	Das Ergebnis ist eine Vor- und Nachteile-Abwägung zwischen zuvor entwickelten Alternativen.
Zeitbedarf	45 Min.
Lizenzvergabe	JOBLAB & Diversity
Kosten	6,80 Euro pro CD-ROM inkl. Versand (Mengenrabatt möglich)
Anbieter	JOBLAB & Diversity
Entwickler	JOBLAB & Diversity (2001)
Weitere Infos	http://www.joblab.de

Name des Verfahrens	Jobmappe NRW – Unterlagen für den Berufsweg
Zielgruppe	Benachteiligte junge Erwachsene im Übergangssystem
Beschreibung	Die Jobmappe NRW wird im Rahmen der individuellen Qualifizierungs- und Förderplanung eingesetzt als Unterlagensammlung für den eigenen Berufsweg und damit als Planungshilfe für die einzelnen Lernschritte in Richtung Ausbildung. Selbst gesteckte Ziele und deren Realisierung werden kontrolliert. In dem Ordner der Jobmappe NRW können alle Zeugnisse und Bescheinigungen abgeheftet werden, die dann in einer Bewerbung zielgerichtet eingesetzt werden können.
Methoden/ Instrumente	Arbeitsblätter, die online ausgefüllt, abgespeichert und ausgedruckt werden können, zu den Bereichen: Grundlegende Daten (Mein Profil; Berufspraktische Erfahrungen; Stärken und Interessen), Schlüsselkompetenzen (Selbsteinschätzung; Fremdeinschätzung; Meine Stärken) und Erfahrungen und Interessen (Interessen und Hobbys; Stärken und Interessen; Nachweise von Tätigkeiten und Schulungen).
Ziel/Ergebnis	Die Jobmappe NRW soll jungen Erwachsenen, die sich auf dem Weg in den Beruf befinden, mit Informationen und Materialien unterstützen und helfen, Fähigkeiten und Interessen zu erkennen und zielgerichtet für die Berufsplanung zu nutzen.
Zeitbedarf	Abhängig von der Einbindung in das jeweilige Programm
Lizenzvergabe	G.I.B. – Gesellschaft für innovative Beschäftigungsförderung mbH
Kosten	Kostenfrei für Träger beteiligter Projekte und Programme
Anbieter	Ministerium für Arbeit, Gesundheit und Soziales des Landes Nordrhein-Westfalen (MAGS)
Entwickler	Christiane Siegel/Thomas Lindner, G.I.B. – Gesellschaft für innovative Beschäftigungsförderung mbH im Auftrag des Ministeriums für Arbeit, Gesundheit und Soziales des Landes Nordrhein-Westfalen (2008)
Weitere Infos	http://www.jobmappe.nrw.de

Name des Verfahrens	Karrieretest
Zielgruppe	Studierende, insbes. Hochschulabsolventen
Beschreibung	Der Karrieretest geht der Frage nach: Was will ich nach dem Studium machen, was ist für mich der richtige Beruf? Und wenn ich bereits arbeite, wie kann ich meine eigene Karriere befördern?
Methoden/ Instrumente	Ein 160 Fragen umfassender Test, der online im Internet oder als Papierfragebogen bearbeitet werden kann.
Ziel/Ergebnis	Studierenden soll dabei geholfen werden, für sich ein eigenes Profil ihrer Schlüsselqualifikationen, Stärken und Schwächen zu entdecken. Ein schriftliches Gutachten gibt Hinweise auf besondere Interessen, denen mehr Aufmerksamkeit geschenkt werden sollte, und eine Bewertung persönlicher Stärken und Schwächen in den 18 wichtigsten Schlüsselqualifikationen wie Teamfähigkeit oder Kontaktstärke. Darauf basierend werden Tipps zur Verbesserung der Integration der Stärken und Minimierung der Schwächen gegeben. Ein Zertifikat weist die jeweiligen Schlüsselqualifikationen aus und kann für die eigene Förderung im Unternehmen oder bei der Bewerbung genutzt werden.
Zeitbedarf	Durchführung ca. 30 Minuten, Auswertung der Ergebnisse nach etwa 5 Werktagen.
Lizenzvergabe	geva-institut
Kosten	Test inkl. Auswertung – Online-Version 18,00 Euro (zzgl. 6,00 Euro Bearbeitungsgebühr bei Versand der Auswertung per Post); Test inkl. Auswertung – Print-Version 23,00 Euro (zzgl. 4,50 Euro Versandkosten für Fragebogen und Auswertung), Zertifikat 12,50 Euro (zzgl. Versandkosten)
Anbieter	geva-institut – geva Gesellschaft für Verhaltensanalyse und Evaluation mbH
Entwickler	geva-institut (1988)
Weitere Infos	http://www.geva-institut.de

Name des Verfahrens	Kasseler-Kompetenz-Raster (KKR)
Zielgruppe	Arbeitnehmer/-innen in Unternehmen
Beschreibung	Die Kompetenzdiagnose mit dem Kasseler-Kompetenz-Raster bietet die Möglichkeit, die beruflichen Handlungskompetenzen der Mitarbeiter/-innen bei der Bewältigung aktueller, relevanter Optimierungsaufgaben in Gruppen zu messen, die sich im Rahmen einer Besprechung, eines Workshops oder einer KVP-Sitzung in den Äußerungen der Teilnehmer/-innen zeigen.
Methoden/ Instrumente	Ein auf Videoanalyse gestütztes psychometrisches Beobachtungsinstrument, das anhand von ca. 50 Kriterien die verbalen Äußerungen der Teilnehmer/-innen codiert und auswertet.
Ziel/Ergebnis	Das Kasseler-Kompetenz-Raster ist ein Beobachtungsinstrument für eine in Unternehmen durchgeführte Gruppendiskussion, um anhand der erfolgten Diagnose Aussagen über die Fach,- Methoden-, Sozial- und Selbstkompetenz von Teams, Mitarbeitern und Unternehmen im natürlichen Arbeitsumfeld zu treffen.
Zeitbedarf	Die Gruppendiskussion dauert ca. 60 bis 90 Minuten. Eine softwaregestützte Auswertung kann in mind. 5 Stunden erfolgen.
Lizenz	Prof. Dr. Ekkehart Frieling/Dr. Simone Kauffeld/Dipl.-Psych. Sven Grote, Universität Gesamthochschule Kassel, Institut für Arbeitswissenschaft
Kosten	Keine Angaben
Anbieter	Keine Angaben
Entwickler	Prof. Dr. Ekkehart Frieling/Dr. Simone Kauffeld/Dipl.-Psych. Sven Grote, Universität Gesamthochschule Kassel, Institut für Arbeitswissenschaft (2000).
Weitere Infos	Keine Angaben

Name des Verfahrens	KEP – Kompetenz-Entwicklungs-Programm
Zielgruppe	Arbeitnehmer/-innen, Menschen aus der Freiwilligenarbeit
Beschreibung	KEP ist ein Kompetenzcheck als Teil von Weiterbildungsberatung.
Methoden/ Instrumente	Einzelberatung mithilfe einer Kompetenzmatrix.
Ziel/Ergebnis	Klärung vorhandener Kompetenzen als Basis für die Auswahl von Weiterbildungen.
Zeitbedarf	ca. 1–2 Stunden
Lizenzvergabe	Keine
Kosten	Pro Teilnehmer/-in für das Handbuch und die Einführung 20,00 Euro
Anbieter	Katholische Arbeitnehmer-Bewegung (KAB), Diözesanverband München
Entwickler	Josef Haseneder und andere, Katholische Arbeitnehmer-Bewegung (KAB), Diözesanverband München
Weitere Infos	http://www.kabdvmuenchen.de

Name des Verfahrens	KOBRA, Kompetenzbilanz – Online: Berufsperspektive gestalten
Zielgruppe	Mädchen, Frauen, Frauen in Familie und Haushalt
Beschreibung	Die KOBRA Kompetenzbilanz ist ein online-gestütztes Verfahren für Frauen, die Unterstützung bei der (Neu-) Orientierung und Entscheidung in beruflichen Situationen suchen.
Methoden/ Instrumente	Die EDV-basierten Fragebögen mit unterstützender Funktion dienen der Selbsteinschätzung entlang der Themen „Meine fachlichen Fähigkeiten und Interessen", „Überfachliche Fähigkeiten", „Tätigkeitsfelder entdecken" und „Selbstbild-Fremdbild". Am Ende der Erfassung werden Fähigkeitsprofil und Interessenprofil einander gegenübergestellt, um alternative berufliche Anschlussmöglichkeiten zu erschließen. Das Online-Verfahren kann selbstständig durchgeführt werden, empfohlen wird aber, die Beratung durch die Mitarbeiterinnen von KOBRA zu nutzen.
Ziel/Ergebnis	Die Online-Kompetenzbilanz bietet die Möglichkeit, Fähigkeiten und Interessen zu erfassen, sie miteinander abzugleichen und auf dieser Basis (neue) berufliche Möglichkeiten zu erkunden. Diese Ergebnisse bilden die Grundlage, um neue oder alternative berufliche Anschlussmöglichkeiten zu erkennen oder geeignete Strategien für die weitere Gestaltung der Berufsbiografie zu entfalten.
Zeitbedarf	Mind. 6 Stunden
Lizenzvergabe	KOBRA-Berlin
Kosten	Kostenfrei
Anbieter	KOBRA, Koordination und Beratung für Frauen und Unternehmen
Entwickler	KOBRA-Berlin, 2004
Weitere Infos	http://www.kompetenzbilanz-online.de

Name des Verfahrens	KODE® – Kompetenz-Diagnostik und -Entwicklung
Zielgruppe	Arbeitnehmer/-innen in Unternehmen sind die Hauptzielgruppe; grundsätzlich für alle möglich.
Beschreibung	Mit KODE® kann man erkennen, wie einzelne Menschen, Teams oder Organisationen ihre Kompetenzen einsetzen, um daraus Lernen und Entwicklung abzuleiten und ein strategisches und umfassendes Kompetenzmanagement für ein Unternehmen aufzubauen.
Methoden/ Instrumente	Im Mitarbeiter- und Führungskräftetraining werden die vier Kompetenzdimensionen Personale Kompetenz, Aktivitäts- und Handlungskompetenz, Fach- und Methodenkompetenz sowie Sozialkommunikative Kompetenz unter günstigen und ungünstigen Bedingungen gemessen und bewertet.
Ziel/Ergebnis	Auf Basis der Analyse des Verhaltens und des Veränderungspotenzials können gezielt weiterführende Entwicklungsprogramme für Personen, Teams und Organisationen aufgebaut werden.
Zeitbedarf	Ca. 30 Minuten für die Durchführung, danach offen
Lizenzvergabe	Cekom-Deutschland, Centrum für Kompetenzbilanzierung
Kosten	Keine Angaben
Anbieter	Cekom-Deutschland in Kooperation mit Partnern
Entwickler	Prof. John Erpenbeck/Prof. Dr. Volker Heyse/Horst Max, A-C-T Audit Coaching Training (2004)
Weitere Infos	www.cekom-deutschland.de

<table>
<tr><th>Name des Verfahrens</th><th>KODE®X-Kompetenz-Explorer</th></tr>
<tr><td>Zielgruppe</td><td>Arbeitnehmer/-innen als Mitarbeiter/-innen von Unternehmen</td></tr>
<tr><td>Beschreibung</td><td>KODE®X-Kompetenz-Explorer dient der Erkundung von unternehmensstrategischen Kompetenzanforderungsprofilen, von anforderungs- bzw. aufgabenspezifischen Kompetenz-Sollprofilen sowie von Kompetenzpotenzialen der Mitarbeiter und Führungskräfte.</td></tr>
<tr><td>Methoden/ Instrumente</td><td>Basis des Verfahrens bildet ein Pool von 64 (überfachlichen) Teilkompetenzen (z.B. Akquisitionsstärke, Teamfähigkeit, ...), die in einem von 4 Quadranten einer zweidimensionalen Matrix bezüglich der 4 Grundkompetenzen (Personale Kompetenz, Aktivitäts- und Handlungskompetenz, Fach- und Methodenkompetenz) angeordnet sind.
Das KODE®X-Verfahren läuft in einem standardisierten Prozess ab:
· Strategie- und Kompetenzanforderungen festlegen
· Identifikationsmerkmale definieren
· Job- und Funktionsgruppen ermitteln
· Potenzialeinschätzung durchführen
· Analyse und Ableitung differenzierter Personalentwicklungsmaßnahmen.</td></tr>
<tr><td>Ziel/Ergebnis</td><td>Es führt zu differenzierten und handelbaren Kompetenzprofilen und hilft beim Aufspüren „versteckter“ Potenzialreserven der Arbeitnehmer/-innen.</td></tr>
<tr><td>Zeitbedarf</td><td>Durchführung ca. 20 Min., optional Auswertungsgespräch zwischen 30 und 90 Min</td></tr>
<tr><td>Lizenzvergabe</td><td>Cekom-Deutschland, Centrum für Kompetenzbilanzierung.</td></tr>
<tr><td>Kosten</td><td>Für die Durchführung ist eine Fortbildung nötig, die mit Lizenz ca. 1800,00 Euro kostet.</td></tr>
<tr><td>Anbieter</td><td>A-C-T, Regensburg, http://www.act-regensburg.de/index2.html</td></tr>
<tr><td>Entwickler</td><td>Prof. Dr. Volker Heyse/Prof. Dr. John Erpenbeck/A-C-T Audit Coaching Training, Regensburg (2001)</td></tr>
<tr><td>Weitere Infos</td><td>www.cekom-deutschland.de</td></tr>
</table>

Name des Verfahrens	Kompetenzbilanz aus Freiwilligen-Engagement
Zielgruppe	Tätige aus der Freiwilligenarbeit
Beschreibung	Die Bilanz verläuft über ein PDF-Dokument nach folgendem Schema: 1. Überblick; wo war der Teilnehmer aktiv? 2. Rahmenbedingungen des Engagements 3. Erfassen von Tätigkeiten und Lernerfahrungen 4. Erstellen der Kompetenzbilanz, wo kann der Teilnehmer diese einsetzen? 5. Rückmeldung zur Selbsteinschätzung über Fremdeinschätzung 6. Entwicklung des persönlichen Kompetenzprofils über Gegenüberstellung von Selbst- und Fremdeinschätzung. Nutzen des Kompetenzprofils entsprechend den persönlichen Wünschen.
Methoden/ Instrumente	Selbst- und Fremdeinschätzung.
Ziel/Ergebnis	Sie bietet die Möglichkeit festzustellen, welche Kompetenzen in dem Freiwilligen-Engagement erworben werden und wie diese genutzt werden können.
Zeitbedarf	Ca. 3 Stunden
Lizenzvergabe	Keine Angaben
Kosten	Kostenfrei
Anbieter	Deutsches Jugendinstitut e.V. (DJI), http://www.dji.de
Entwickler	Annemarie Gerzer-Sass, Andrea Reupold, Christine Nußhart (2006)
Weitere Infos	http://www.dji.de/5_kompetenznachweis/KB_Kompetenzbilanz_281206.pdf

Name des Verfahrens	Kompetenzbilanz – Ein Instrument zur Selbsteinschätzung und beruflichen Entwicklung
Zielgruppe	Berufstätige Eltern, Teilnehmer/-innen von und Interessierte an Weiterbildungen, Berufsrückkehrer/-innen
Beschreibung	Durch die Kompetenzbilanz sollen in der Familie erworbene Qualifikationspotenziale für die betriebliche Personalentwicklung und die berufliche Weiterbildung nutzbar gemacht werden. 1. Bewusst werden über den Kompetenzerwerb im eigenen Lebensverlauf 2. Benennen von Lern- und Erfahrungsfeldern innerhalb der Familie 3. Vertiefung am Beispiel eines Tagesablaufs Bewerten der eigenen Kompetenzen sowie das Einholen einer Fremdeinschätzung.
Methoden/ Instrumente	Selbst- und Fremdeinschätzung werden mit den Instrumenten des Mindmapping, standardisierten Fragebögen und Checklisten vorgenommen.
Ziel/Ergebnis	Sie gibt Hinweise auf Stärken und ermutigt die Teilnehmer/ -innen, eigene Erwartungen an die berufliche Entwicklung klar zu formulieren sowie Ziele und Zwischenschritte abzustecken.
Zeitbedarf	Je nach Gruppe und Intensität der Arbeit sollten 4–10 Sitzungen eingeplant werden.
Kosten	Kostenfrei
Anbieter	Keine Angaben
Entwickler	Dipl.-Soz. Christine Nußhart (Kath. Arbeitnehmerinstitut für Fortbildung und angewandte Sozialethik, München)/Wolfgang Erler/Annemarie Gerzer-Sass/Dipl.-Soz. Jürgen Sass (Dt. Jugendinstitut, München) (2000)
Weitere Infos	http://www.dji.de/bibs/33_633komp.pdf

Name des Verfahrens	Kompetenzbilanz für Migrantinnen und Migranten
Zielgruppe	Erwachsene mit Migrationshintergrund; für Jüngere nur eingeschränkt möglich.
Beschreibung	Die Kompetenzbilanz für Migrantinnen und Migranten ist eine Arbeitsmethode, um Ressourcenorientierung in der Praxis umzusetzen, ein Instrument zur Identifizierung, Wertschätzung und Bewertung von Kompetenzen und ein Instrument zur Selbstreflexion und zum Empowerment.
Methoden/ Instrumente	In der Einzel- und Gruppenarbeit werden mit Fragenkatalogen, Portfolios, verschiedenen assoziativen Methoden folgende vier Teile bearbeitet: Beschreiben, Erkennen, Nachweisen/ Dokumentieren und der im Anschluss stattfindende Teil Umsetzen/Planen.
Ziel/Ergebnis	Die Kompetenzbilanz versteht sich als Werkzeug, um Nachqualifizierungsbedarf bei Migrantinnen und Migranten passgenau zu bestimmen.
Zeitbedarf	Allgemein wird der Zeitrahmen auf 10–15 Stunden für eine zu Ende geführte Kompetenzbilanz angesetzt, wobei sich der Zeitraum beim Einsatz einer Dolmetscherin oder eines Dolmetschers erheblich verlängert.
Anbieter	Keine Angaben
Entwickler	Monika Jaeckel/Wolfgang Erler, Deutsches Jugendinstitut (2002)
Weitere Infos	www.fluequal-kompetenzbilanz.de

Name des Verfahrens	Kompetenzbilanz NRW
Zielgruppe	Beschäftigte, Arbeitssuchende und Wiedereinsteiger/-innen
Beschreibung	Die Kompetenzbilanz NRW ist eine Dokumentation von Kompetenzen, die in Beruf, Freizeit und Familie erworben wurden. Man erfährt mehr über die eigenen Stärken und kann sie bewusst als Schlüsselqualifikationen erkennen und einsetzen.
Methoden/ Instrumente	Drei aufeinander aufbauende Schritte leiten von der Bilanzierung hin zum Aktionsplan: Eine Checkliste zum Ankreuzen: Was kann ich gut?, Was kann ich nicht?, Was ist mir wichtig? – Die Auswertung ergibt ein Stärken-Schwächen-Profil. – Abschließend werden Ziele gesetzt und wird ein Aktionsplan erstellt. Um einen Überblick über die eigenen Stärken zu bekommen, ist die Checkliste in die folgenden Schlüsselkompetenzen unterteilt: Flexibilität, Kommunikationsfähigkeit, Teamfähigkeit, Kritikfähigkeit, Führungsfähigkeit, Organisationsfähigkeit und Motivationsfähigkeit.
Ziel/Ergebnis	Mithilfe der Kompetenzbilanz NRW erstellt man sein eigenes Stärkenprofil. Eigenverantwortlichkeit und Selbstständigkeit werden angeregt. Es findet eine Sensibilisierung für die Bedeutung von Schlüsselkompetenzen statt. In Veränderungsprozessen können die eigenen Kompetenzen gezielt eingesetzt und genutzt werden.
Kosten	Steht als kostenloses PDF-Dokument zur Verfügung
Anbieter	G.I.B. – Gesellschaft für innovative Beschäftigungsförderung mbH
Entwickler	Projekt des Ministeriums für Wirtschaft und Arbeit des Landes Nordrhein-Westfalen & Landesinstituts für Qualifizierung i.A. der Weiterbildungs-Initiative NRW (2001).
Weitere Infos	http://www.gib.nrw.de

Name des Verfahrens	Die Kompetenzbiografie
Zielgruppe	Eingesetzt bei innovativen und erfolgreichen Führungskräften.
Beschreibung	Die Kompetenzbiografie beschäftigt sich mit der Frage, welche Kompetenzen in welchen Lebenssituationen erworben wurden, insbesondere die Kompetenzdimensionen, die durch organisiertes und selbstorganisiertes Lernen sowie durch beabsichtigte und unbeabsichtigte Prozesse beruflicher Bildung erworben worden sind. Sie hebt diejenigen biografischen Ereignisse hervor, die für die berufliche Kompetenzentwicklung retrospektiv wichtig, gegenwärtig nutzbar oder prospektiv zu fördern sind.
Methoden/ Instrumente	Mittels einer Form des narrativen Interviews steht die Selbstauskunft im Mittelpunkt.
Ziel/Ergebnis	Bei der Kompetenzbiografie geht es darum, den Erwerb und die Entwicklung von Kompetenzen tiefgehend zu verstehen. Dieses Verständnis gilt es, in praktische Vorschläge für die berufliche Bildung und Personalentwicklung umzusetzen.
Zeitbedarf	Ca. 2 Stunden
Anbieter	CeKom-Deutschland GmbH
Entwickler	John Erpenbeck, Volker Heyse (1999)
Weitere Infos	http://www.cekom-deutschland.de

Name des Verfahrens	Kompetenzcheck Ausbildung NRW (2003–2007)
Zielgruppe	Schüler/-innen der Klassen 8 und 9 der Haupt-, Real-, Gesamt-, Ersatz- und Förderschulen
Beschreibung	Der Kompetenzcheck Ausbildung NRW ist ein zusätzliches Element der gezielten Berufswahlorientierung, das in den Schulalltag integriert werden kann.
Methoden/ Instrumente	Der zweitägige Kompetenzcheck wird bei erfahrenen Bildungsträgern durchgeführt und bietet einen professionellen Rahmen, um den Jugendlichen außerhalb von Schule ihre Kompetenzen und Stärken aufzuzeigen. Die methodische Wahl ist frei und reicht von Assessment-Center-Verfahren über Berufswahltests bis hin zu biografieorientierten Interviews.
Ziel/Ergebnis	Durch den Kompetenzcheck Ausbildung NRW werden Kompetenzen der einzelnen Schüler und Schülerinnen festgestellt, er liefert Grundlagen für eine gezielte individuelle Förderung. Werden die Ergebnisse von Schülern, Schülerinnen, Schulen und Kooperationspartnern im Prozess der beruflichen Orientierung genutzt, leistet der Kompetenzcheck Ausbildung NRW einen Beitrag zur Verbesserung der Schulerfolge und der Übergänge in Ausbildung und Arbeit.
Zeitbedarf	2 Tage
Lizenzvergabe	Ministerium für Arbeit, Gesundheit und Soziales des Landes Nordrhein-Westfalen 2006
Kosten	220,00 Euro pro durchgeführtem Kompetenzcheck (mind. 7 Arbeitsstunden und 12 Betreuungsstunden in der Einrichtung)
Anbieter	IMBSE e. V. – Institut für Maßnahmen zur Förderung der beruflichen und sozialen Eingliederung, Moers / INBAS GmbH – Institut für berufliche Bildung, Arbeitsmarkt- und Sozialpolitik, Büro NRW, Lippstadt
Entwickler	IMBSE e. V. / INBAS GmbH 2003
Weitere Infos	http://www.schulministerium.nrw.de/BP/Schulsystem/Projekte/Kompetenzcheck/index.html

Name des Verfahrens	Kompetenzcheck des Career Service Münster, Version 2.0
Zielgruppe	Studentinnen und Studenten
Beschreibung	Unterteilt nach den Kategorien Informationsmanagement, Selbstpräsentation, Selbstmanagement, Prüfungsangst, Interkulturelle und Soziale Kompetenz sowie Medienkompetenz erfahren Studierende und Absolventen – natürlich anonym –, wo sie persönlich stehen und wo sie ihre Fähigkeiten weiterentwickeln und erproben können.
Methoden/ Instrumente	Online-Test mit geschlossenen Fragen
Ziel/Ergebnis	Unterstützung bei der Wahl des Studienfaches
Zeitbedarf	Durchführung ca. 10–15 Minuten, Auswertung der Ergebnisse nach der Durchführung, nach einigen Sekunden eine Rückmeldung über studien- und berufsrelevante Kompetenzen.
Kosten	Kostenfrei
Anbieter	Career Service, Zentrale Studienberatung Münster, http://www.uni-muenster.de/CareerService/service/kompetenz_einleitung.html
Entwickler	Andreas Eimer, Career Service
Weitere Infos	Wird zurzeit gegen ein anderes Verfahren ausgetauscht.

Name des Verfahrens	KompetenzChecker • Stärken erkennen – Chancen nutzen
Zielgruppe	Schüler/-innen der Jahrgangsstufe 8 an Realschulen und der Jahrgangsstufe 11 an Gymnasien und Gesamtschulen
Beschreibung	Der KompetenzChecker ist ein 3-Phasen-Verfahren, das den Jugendlichen eine Einschätzung ihrer Fähigkeiten und Kenntnisse in Bezug auf ihre Berufswahl zu vermitteln versucht. Schulklassen der weiterführenden Schulen aus dem Netzgebiet von „RWE Rheinland Westfalen Netz“ in Nordrhein-Westfalen und Rheinland-Pfalz können daran teilnehmen.
Methoden/ Instrumente	Online-Berufseignungstest; mit Unterstützung von Berufsberaterinnen und Berufsberatern der Arbeitsagenturen (im Rahmen der vereinbarten Schulbetreuung) sowie Ausbildern von RWE Rheinland Westfalen Netz erarbeiten die Schüler eine Präsentation zu ihren Berufsempfehlungen und stellen diese anschließend in einer Informationsveranstaltung ihren Mitschülerinnen und Mitschülern, Eltern und Lehrkräften vor.
Ziel/Ergebnis	Die Schülerinnen und Schüler erhalten eine Unterstützung bei der individuellen Entscheidung für einen bestimmten Beruf oder ein bestimmtes Studium. Sie werden ihre gesammelten Informationen und Eindrücke in einer Präsentation festhalten und auf Grundlage dieser Erfahrungen ihren weiteren Berufs- und Studienwegeplan erstellen sowie Ziele zum Erreichen des Berufs formulieren.
Zeitbedarf	Der Online-Test dauert etwa zwei Zeitstunden.
Lizenzvergabe	Stiftung Partner für Schule NRW
Kosten	Keine Angaben
Anbieter	Stiftung Partner für Schule NRW, http://www.partner-fuer-schule.nrw.de
Entwickler	Gemeinsames Projekt von RWE Rhein-Ruhr, der Regionaldirektionen Nordrhein-Westfalen sowie Rheinland-Pfalz-Saarland, der Bundesagentur für Arbeit und der Stiftung Partner für Schule NRW.
Weitere Infos	www.partner-fuer-schule.nrw.de/.../kompetenzchecker

Name des Verfahrens	Kompetenzen für Arbeitnehmervertreter
Zielgruppe	Arbeitnehmervertreter/-innen
Beschreibung	Das Verfahren Kompetenzen für Arbeitnehmervertreter will die Auseinandersetzung mit den Kompetenzanforderungen von Ehrenämtern in der Arbeitnehmervertretung und den eigenen individuellen wie im Team vorhandenen Kompetenzen fördern.
Methoden/ Instrumente	Kompetenzlisten, Mindmap zur Erkundung eigener informell erworbener Kompetenzen
Ziel/Ergebnis	Bessere Vorbereitung auf das Wahlamt in der Arbeitnehmervertretung, ggf. zielgerichtete Auswahl von Fortbildungen
Zeitbedarf	4 Unterrichtsstunden
Lizenzvergabe	Keine
Kosten	Kostenfrei
Anbieter	HVHS Gottfried Könzgen
Entwickler	Josef Meiers/Ortrud Harhues, HVHS Gottfried Könzgen (2009)
Weitere Infos	http://www.hvhs-haltern.de

Name des Verfahrens	Kompetenznachweis Kultur
Zielgruppe	Jugendliche und junge Erwachsene ab 12 Jahren
Beschreibung	Der Kompetenznachweis Kultur ist ein Bildungspass. Er wird an Jugendliche vergeben, die aktiv an künstlerischen und kulturpädagogischen Angeboten teilnehmen. Er ist ein Nachweis darüber, welche individuellen personalen, sozialen, methodischen und künstlerischen Kompetenzen sie dabei gezeigt und weiterentwickelt haben.
Methoden/ Instrumente	Mit Anleitern, Künstlern und Kulturpädagogen entsteht ein zeitlich begrenzter, intensiver Austausch mit Jugendlichen über ihre individuellen Stärken, über Lernerfahrungen und Wirkungen des eigenen künstlerischen Tuns. Indem die Jugendlichen sich ihrer Fähigkeiten und Stärken bewusst werden und lernen, diese zu formulieren, stärkt der gesamte Prozess ihr Selbstbewusstsein.
Ziel/Ergebnis	Der Kompetenznachweis Kultur unterstützt Jugendliche beim Einstieg in das Berufsleben. Er erweitert ihre Möglichkeiten der Selbstdarstellung. In Bewerbungsgesprächen kann der Kompetenznachweis Kultur Impuls für ein Gespräch über besondere Fähigkeiten sein. Der Jugendliche spiegelt in diesem Gespräch das, was das Zertifikat beschreibt, glaubhaft wider, weil er selbst an der Erarbeitung beteiligt war.
Zeitbedarf	Kann selbst festgelegt werden
Lizenzvergabe	Bundesvereinigung Kulturelle Kinder- und Jugendbildung e. V.
Kosten	Keine Angaben
Anbieter	Bundesvereinigung Kulturelle Kinder- und Jugendbildung e. V.
Entwickler	© NetKK – Bundesvereinigung Kulturelle Kinder- und Jugendbildung e.V. (2006)
Weitere Infos	http://www.kompetenznachweiskultur.de

Name des Verfahrens	Kompetenzreflektor
Zielgruppe	Arbeitnehmer/-innen u.a. Betriebsräte, Vertrauensleute, gewerkschaftliche Akteure und von Arbeitslosigkeit Bedrohte
Beschreibung	Der Kompetenzreflektor ist ein Verfahren zur Reflexion und Analyse von persönlichen Kompetenzen. Er kann als Instrument angesehen werden, mit dem Prozesse zum Profiling (Kompetenzanalyse) und Coaching (Entwicklungsberatung) durchgeführt bzw. initiiert werden können. Er kann von betrieblichen und gewerkschaftlichen Akteuren umgesetzt werden.
Methoden/ Instrumente	Im Rahmen von Workshops wird mit unterschiedlichsten Methoden (Interviews, Dialoge, Reflexionsgespräche in Gruppen, Selbsteinschätzungen u.a.) in sechs Arbeitsschritten (Erinnern, Sammeln, Ordnen, Analysieren, Ziele setzen, Konsequenzen ziehen) gearbeitet.
Ziel/Ergebnis	Der Kompetenzreflektor möchte Arbeitnehmern, Betriebs- und Personalräten und gewerkschaftlichen Akteuren die Möglichkeit geben, den individuellen Reflexionsprozess zu fördern, die eigenen Kompetenzen bewusst zu machen und damit das Selbstbewusstsein für die Steuerung des Kompetenzerwerbs zu erhöhen, eine Aufwertung der persönlichen Chancen am Arbeitsmarkt zu vollziehen, eine berufliche Neu- oder Umorientierung gezielt zu gestalten und die Gestaltung des eigenen Arbeitsplatzes und Tätigkeitsbereichs aktiv mitzubestimmen.
Lizenzvergabe	http://www.komnetz.de
Anbieter	Helmut-Schmidt-Universität der Bundeswehr Hamburg, Projekt KomNetz
Entwickler	Dr. Julia Gillen/Gerald Proß/Thomas Habenicht/Prof. Dr. Peter Dehnbostel, Projekt „Kompetenzentwicklung in vernetzten Lernstrukturen – Gestaltung arbeitnehmerorientierter Arbeits-, Beratungs- und Weiterbildungskonzepte“ (KomNetz) (2005)
Weitere Infos	http://www.komnetz.de

Name des Verfahrens	MELBA – Merkmalprofile zur Eingliederung Leistungsgewandelter und Behinderter in Arbeit
Zielgruppe	Menschen mit Behinderung aller Art und Menschen mit Handicaps bezogen auf den Arbeitsmarkt (Langzeitarbeitslose, Wiedereinsteiger, Jugendliche aus speziellen pädagogischen Einrichtungen)
Beschreibung	MELBA ist ein Verfahren, mit dem einerseits die Fähigkeiten einer Person und andererseits die Anforderungen einer Tätigkeit dokumentiert werden können. Dazu stellt das Verfahren ein Fähigkeits- und ein Anforderungsprofil bereit. Mit dem diagnostischen Tool IDA können diejenigen arbeitsrelevanten Schlüsselqualifikationen (kognitive Fähigkeiten, Fähigkeiten zur Art der Arbeitsausführung, psychomotorische Fähigkeiten und Fähigkeiten aus dem Bereich Kulturtechniken/Kommunikation) erhoben und beurteilt werden, die mit dem Verfahren MELBA dokumentiert werden.
Methoden/ Instrumente	Grundlage der Dokumentation sind 29 definierte Merkmale, die fünf Merkmalsbereichen zugeordnet sind: soziale Merkmale, kognitive Merkmale, Merkmale zur Art der Arbeitsausführung, psychometrische Merkmale und Kulturtechniken.
Ziel/Ergebnis	MELBA ist in Verbindung mit IDA ein Verfahren, mit dem einerseits die Fähigkeiten einer Person und andererseits die Anforderungen einer Tätigkeit diagnostiziert, dokumentiert und für eine fähigkeitsadäquate Platzierung verglichen werden können.
Zeitbedarf	Zwischen 10 Minuten und 2 Tagen
Lizenzvergabe	Miro GmbH
Kosten	MELBA Manual = 79,50 Euro / Fortbildung = 695,00 Euro
Anbieter	Miro GmbH
Entwickler	Anke Kleffmann/Sigbert Weinmann/Felizitas Föhres/Bernd Müller, Universität Gesamthochschule Siegen, Forschungsprojekt MELBA, Teilprojekt Psychologie gefördert vom Bundesministerium für Arbeit und Sozialordnung (1997)
Weitere Infos	http://www.melba.de

Name des Verfahrens	Nachweis über berufsbezogene Qualifikationen
Zielgruppe	Arbeitslose und Personen ohne Berufsabschluss (Personen, die einzelne Teile einer Berufsausbildung nach BBiG oder HwO absolviert, diese Ausbildung aber nicht abgeschlossen haben, an berufsbildenden Maßnahmen oder an sonstigen auf einen Berufsabschluss vorbereitenden Qualifizierungsmaßnahmen teilgenommen haben.)
Beschreibung	Der Nachweis ist ein schriftlicher Nachweis, mit dem berufliche Qualifikationen in Bezug auf einen anerkannten Ausbildungsberuf dokumentiert werden können. Die Qualifikationen sollen in Orientierung an Berufsbildpositionen beschrieben und einem Ausbildungsberuf oder einem Berufsfeld zugeordnet werden. Der Nachweis wird von der qualifizierenden Institution bzw. dem ausbildenden Betrieb ausgestellt.
Methoden/ Instrumente	Dreiseitiges Formular zum Ausfüllen
Ziel/Ergebnis	Der Nachweis soll Institutionen und Betriebe bei der Entscheidung unterstützen, ob sie den Inhaber/die Inhaberin in ein Ausbildungsverhältnis aufnehmen und ob die Ausbildungszeit ggf. verkürzt werden kann. Außerdem soll er von den zuständigen Stellen bei der Prüfung der Voraussetzungen für die Zulassung zur Externenprüfung berücksichtigt werden.
Zeitbedarf	Keine Angaben
Lizenzvergabe	Bundesinstitut für Berufsbildung (BiBB)
Kosten	Keine Angaben
Anbieter	Bundesanstalt für Arbeit/Bundesinstitut für Berufsbildung (BiBB)
Entwickler	Bundesinstitut für Berufsbildung (BiBB), 2000
Weitere Infos	http://www.bibb.de/dokumente/pdf/a1_bwp-2001-h1-ha.pdf

Name des Verfahrens	Neue-Chancen-Test
Zielgruppe	Personen mit Fragen der beruflichen Neuorientierung
Beschreibung	Der Neue-Chancen-Test unterstützt beim beruflichen Neuanfang. Er fragt nach den Schlüsselqualifikationen und trifft Aussagen darüber, wie diese optimal eingesetzt werden können.
Methoden/ Instrumente	Der psychometrische Test kann online im Internet oder als Papierfragebogen bearbeitet werden.
Ziel/Ergebnis	Ein Zertifikat enthält neben einer Kurzbeschreibung des Tests und des geva-instituts als persönliche Urkunde die wichtigsten Testergebnisse, dazu gehören die beruflichen Interessen, Motive und Schlüsselqualifikationen.
Zeitbedarf	Durchführung ca. 30 Minuten, Auswertung der Ergebnisse nach etwa 5 Werktagen
Lizenzvergabe	geva-institut
Kosten	Test inkl. Auswertung – Online-Version 38,00 Euro (zzgl. 6,00 Euro Bearbeitungsgebühr bei Versand der Auswertung per Post); Test inkl. Auswertung – Print-Version 45,00 Euro (zzgl. 4,50 Euro Versandkosten für Fragebogen und Auswertung); Zertifikat 12,50 Euro bzw. 19,00 Euro (zzgl. Versandkosten)
Anbieter	geva-institut – geva Gesellschaft für Verhaltensanalyse und Evaluation mbH
Entwickler	geva-institut – geva Gesellschaft für Verhaltensanalyse und Evaluation mbH (1990)
Weitere Infos	http://www.geva-institut.de

Name des Verfahrens	Profil AC: Ein Assessment-Center-Verfahren zur Kompetenzanalyse
Zielgruppe	Schüler/-innen insbes. an Sonderschulen (verstärkt seit 2008); Auszubildende; Migrantinnen/Migranten; von Arbeitslosigkeit Bedrohte; allg.: Jugendliche, junge Erwachsene unter 25 mit Lernbehinderung, sozial benachteiligt.
Beschreibung	Profil AC ist ein Verfahren, das die Kompetenzen von Jugendlichen mit besonderem Förderbedarf mithilfe eines modularen Assessment-Centers (AC) erfasst. Es handelt sich genauer um ein Potenzial-AC, mit dem die Ressourcen und Kompetenzen der Jugendlichen festgestellt und erste individuelle Förderschwerpunkte gemeinsam festgelegt werden. Dies kann als Entscheidungsgrundlage für die individuelle Berufswahlentscheidung dienen.
Methoden/ Instrumente	Das Verfahren Profil AC ist ein modular aufgebautes Gesamtsystem zur Feststellung berufsrelevanter Ausgangsdispositionen und Kompetenzen. Es besteht aus verschiedenen, flexibel einsetzbaren Elementen, die je nach Bedarf des einzelnen Teilnehmers bzw. der einzelnen Teilnehmerin verwendet werden können: standardisierte Testverfahren (z.B. Intelligenztest, Konzentrationstest), systematische Beobachtung, Selbsteinschätzung, Arbeitsaufgaben, Fragebogen, Gesprächsleitfaden.
Ziel/Ergebnis	Zentrale Ziele sind die Erstellung individueller Kompetenzprofile auf Basis einer sorgfältigen Kompetenzanalyse und der EDV-gestützte Abgleich von Anforderungsprofilen verschiedener Berufsfelder mit den Kompetenzprofilen. Somit werden Impulse zur Kompetenzentwicklung gegeben.
Zeitbedarf	Das Kernmodul (AC) dauert 2 Tage.
Lizenzvergabe	Christliches Jugenddorfwerk Offenburg und BAW Ostalb (2000)
Kosten	Ab 800,00 Euro
Anbieter	Profil Zentrum für Kompetenzanalyse und -entwicklung im CJD Christliches Jugenddorfwerk Offenburg
Entwickler	Christliches Jugenddorfwerk Offenburg und BAW Ostalb
Weitere Infos	http://www.cjd-offenburg.de/offenburg/pages/index/p/4932

Name des Verfahrens	Profiling A+B
Zielgruppe	Arbeitslose Version A: für Teilnehmer/-innen mit mittlerem und höherem Bildungsabschluss; Version B: für Teilnehmer/-innen mit Hauptschulabschluss oder ohne Abschluss
Beschreibung	Die Profilingtests sind speziell für alle Beratungsleistungen und Eingliederungsmaßnahmen der BA und ARGE konzipiert.
Methoden/ Instrumente	Der erste Teil des psychometrischen Tests überprüft soziale, methodische und persönliche Merkmale, darüber hinaus analysiert er die berufliche Motivation und fragt Angaben zur Person ab. Der zweite Teil entspricht einem Intelligenzstrukturtest. Hier werden unter Zeitvorgaben kognitive Leistungsmerkmale objektiv gemessen.
Ziel/Ergebnis	Sie sind so konfiguriert, dass für Vermittlungscoachings eine optimale Eignungsfeststellung erreicht wird. Mithilfe der Auswertungsdossiers für die Berater wird zudem eine Positionierung der Kandidaten im Vergleich zum Benchmark (Vergleichsstichprobe) für jedes Merkmal ermöglicht.
Zeitbedarf	Version A: 3 Stunden; Version B: 1,5 Stunden
Lizenzvergabe	geva-institut
Kosten	Keine Angaben
Anbieter	geva-institut – geva Gesellschaft für Verhaltensanalyse und Evaluation mbH
Entwickler	geva-institut – geva Gesellschaft für Verhaltensanalyse und Evaluation mbH
Weitere Infos	http://www.geva-institut.de

Name des Verfahrens	ProfilPASS für junge Menschen
Zielgruppe	Schüler/-innen, Auszubildende, aus der Freiwilligenarbeit, allg.: Jugendliche ab 14 Jahren
Beschreibung	Der ProfilPASS für junge Menschen ist eine Passaktivität zur Dokumentation der auf unterschiedlichen Wegen erworbenen Kompetenzen. Es geht darum, einen Blick auf das eigene Leben zu werfen: mein Leben, meine Stärken und meine Ziele.
Methoden/ Instrumente	Der ProfilPASS für junge Menschen orientiert sich methodisch an biografischen Verfahren zur Kompetenzermittlung und schärft den Blick für informelle Lernfelder und Lernorte. Die Jugendlichen werden durch die Beschäftigung mit dem ProfilPASS für junge Menschen an biografisches Arbeiten und die Reflexion über sich und ihr Handeln herangeführt.
Ziel/Ergebnis	Er stellt eine für diese Zielgruppe angepasste Form der Ermittlung von persönlichen Stärken dar. Er soll die Jugendlichen in ihrer persönlichen Entwicklung begleiten und sie bei der Identifizierung und Darstellung ihres Entwicklungsprozesses unterstützen. Damit dient er der Ermutigung und Stärkung des Selbstbewusstseins, der Aktivierung, Motivierung und erhöhten Verantwortungsbereitschaft.
Zeitbedarf	Keine Angaben
Lizenzvergabe	Der ProfilPASS-Ordner ist über den Bertelsmann-Verlag oder über den Buchhandel erhältlich.
Kosten	18,90 Euro ProfilPASS-Ordner
Anbieter	W. Bertelsmann Verlag GmbH & Co. KG, http://www.wbv.de/promoframes/promoframe_600180424042007095740.html
Entwickler	DIE (Deutsches Institut für Erwachsenenbildung); Dt. Institut f. Intern. Pädagogische Forschung; Institut f. Entwicklungsplanung u. Strukturforschung (2007)
Weitere Infos	http://www.profilpass-online.de/index.php?article_id=191&clang=0

Name des Verfahrens	ProfilPASS
Zielgruppe	Für alle möglich
Beschreibung	Der ProfilPASS ist eine Passaktivität zur Dokumentation der auf unterschiedlichen Wegen erworbenen Kompetenzen. Es geht darum, einen Blick auf das eigene Leben zu werfen. Es wird der Frage nachgegangen: „An welchen Orten und in welchen Zusammenhängen war der Lernende bisher tätig und was erscheint heute davon wichtig?" Im Sinne eines Portfolios werden Zeugnisse, Praktikumsbescheinigungen, Teilnahmezertifikate u.a. eingepflegt.
Methoden/ Instrumente	Der ProfilPASS-Ordner enthält strukturierte Fragebögen, Selbstbeschreibungen, Hinweise zur Selbstanalyse und zum Portfolio (Dokumente, Zeugnisse, Feedback werden/können eingeholt werden). Die empfohlene professionelle Begleitung als Einzelberatung ProfilPASS-Kurs in der Gruppe fördert den Reflexionsprozess und die Präzisierung der eigenen Fähigkeiten und Kompetenzen.
Ziel/Ergebnis	Die Einschätzung eigener Kompetenzen unterstützt die Beantwortung von Fragen nach der Berufswahl und bei der beruflichen Neuorientierung. Der ProfilPASS-Ordner ist als Dokumentation des eigenen Reflexionsprozesses und als Portfolio einer Dokumentenmappe ein Beleg und Anregung für die eigene persönliche Entwicklung im Sinne des lebenslangen Lernens.
Lizenzvergabe	Der ProfilPASS-Ordner ist über den Bertelsmann-Verlag oder über den Buchhandel erhältlich.
Kosten	27,90 Euro ProfilPASS-Ordner
Anbieter	Weiterbildungsberatungsstellen
Entwickler	Deutsches Institut für Erwachsenenbildung, Bonn (DIE), Deutsches Institut für Internationale Pädagogische Forschung, Frankfurt (DIPF), Institut für Entwicklungsplanung und Strukturforschung (IES) an der Universität Hannover (2006)
Weitere Infos	www.profilpass-online.de

Name des Verfahrens	Qualipass
Zielgruppe	Jugendliche und junge Erwachsene
Beschreibung	Der Qualipass hält Praxiserfahrungen und Kompetenzgewinne fest, die durch ehrenamtliches Engagement in der Schule, in Vereinen, im Gemeinwesen oder in Projekten, durch Kurse, Auslandsaufenthalte, Praktika oder berufliche Weiterbildungsangebote erworben wurden.
Methoden/ Instrumente	Die Dokumentenmappe besteht aus einem 8-seitigen kartonierten Teil und einheftbaren Innenseiten als Nachweise der verschiedenen Praxisleistungen. Außerdem enthält er Informationen und Vordrucke.
Ziel/Ergebnis	Als zusätzliche Orientierungshilfe für Jugendliche selbst, für Betriebe und andere Institutionen gibt der Qualipass einen vertiefenden Einblick in das Erfahrungsspektrum und das Kompetenzprofil der Jugendlichen. Der Qualipass zeigt Weiterentwicklungen an unterschiedlichen Lernorten auf und verbessert die Vermittlungschancen der Jugendlichen in eine passende Ausbildung, Arbeit oder Weiterbildung.
Zeitbedarf	Keine Angaben
Lizenzvergabe	Jugendstiftung Baden-Württemberg und Ministerium für Kultur, Jugend und Sport Baden-Württemberg, Referat Jugend
Kosten	Die Dokumentenmappe kostet 2,00 Euro.
Anbieter	Servicestelle Jugend
Entwickler	Freudenberg Stiftung Weinheim in Zusammenarbeit mit dem Ministerium für Kultur, Jugend und Sport Baden-Württemberg (2001)
Weitere Infos	http://www.qualipass.info

Name des Verfahrens	Selbstmarketing-Test
Zielgruppe	Keine Angaben
Beschreibung	Der Selbstmarketing-Test unterstützt bei der Karriereplanung und der Erhöhung der eigenen Karrierechancen. Er orientiert sich an den Faktoren ‚persönlicher Stil' und der ‚Sichtbarkeit, Auffälligkeit'.
Methoden/ Instrumente	Psychometrischer Test: Fragebogen mit geschlossenen Fragen, die entweder online oder in Papierform bearbeitet werden können.
Ziel/Ergebnis	Eine gründliche Analyse des bisherigen Selbstmarketings, detaillierte Hinweise im Vergleich zu Mitbewerbern und persönliche Tipps zur besseren Selbstvermarktung.
Zeitbedarf	Ca. 30 Minuten
Lizenzvergabe	geva-institut
Kosten	Test inkl. Auswertung – Online-Version 38,00 Euro (zzgl. 6,00 Euro Bearbeitungsgebühr bei Versand der Auswertung per Post); Test inkl. Auswertung – Print-Version 45,- Euro (zzgl. 4,50 Euro Versandkosten für Fragebogen und Auswertung); Zertifikat 12,50 Euro bzw. 19,00 Euro (inkl. Versandkosten)
Anbieter	geva-institut – geva Gesellschaft für Verhaltensanalyse und Evaluation mbH
Entwickler	geva-institut – geva Gesellschaft für Verhaltensanalyse und Evaluation mbH (1999)
Weitere Infos	http://www.geva-institut.de

Name des Verfahrens	START – ein Verfahren zur beruflichen Orientierung
Zielgruppe	Schüler/-innen
Beschreibung	START ist ein Instrument zur beruflichen Orientierung und Stabilisierung für junge Menschen im Übergang von der Schule in den Beruf.
Methoden/ Instrumente	START ist ein Instrument (Assessment-Center-Verfahren) für die berufliche Eingangs- und Eignungsdiagnostik. Gegenwärtig ermöglichen über 120 Einzelaufgaben in 17 berufsspezifischen ACs eine zielgruppenspezifische Verfahrenszusammenstellung.
Ziel/Ergebnis	START ermöglicht Jugendlichen, ihre Kompetenzen und Stärken zu erkennen und Trägern eine Eignungsanalyse in der Berufsvorbereitung.
Zeitbedarf	2–5 Tage/Schultage werden empfohlen, auch bis zu 9 Tagen möglich.
Lizenzvergabe	IMBSE e. V.
Kosten	Pro Teilnehmer/-in ca. 100,00 Euro/Tag. Die Fortbildung für Trainer/-innen kostet für drei Tage 3.300,00 Euro zzgl. MwSt., mit Besuch dieser Veranstaltung erhält man auch die Lizenzen.
Anbieter	IMBSE e.V. (Institut für Maßnahmen zur Förderung der beruflichen und sozialen Eingliederung e.V.)
Entwickler	IMBSE e. V. (Institut für Maßnahmen zur Förderung der beruflichen und sozialen Eingliederung e. V.) (2001)
Weitere Infos	http://www.imbse.de

Name des Verfahrens	Step-by-Step – Vorhaben zur Berufsorientierung
Zielgruppe	Schüler/-innen an Haupt- und Förderschulen zum Ende des 8. oder 9. Schuljahres
Beschreibung	Mit Step-by-Step soll den Schülerinnen und Schülern „eine Brücke zur Arbeitswelt" eröffnet werden, indem eine frühzeitige betriebsnahe und zielgruppenspezifische Berufsorientierung durchgeführt wird.
Methoden/ Instrumente	In enger Kooperation zwischen Betrieben, Schule und Trägern der Jugend(berufs)hilfe werden die Jugendlichen schrittweise und durch ganzheitlich gestaltete Lernprozesse (angeleitetes Praktikum, begleitender Unterricht, Auswertung und Beratung) an die Betriebsrealität herangeführt. Im Mittelpunkt steht die frühzeitige Vermittlung arbeitsplatzbezogener und handlungsrelevanter Berufsinhalte.
Ziel/Ergebnis	Integration in Berufsausbildung oder Erwerbstätigkeit
Zeitbedarf	Geht über 2 Jahre, während der Schulzeit
Lizenzvergabe	Keine Angaben
Kosten	Keine Angaben
Anbieter	AWO BBZ gGmbH Berufsbildungszentrum
Entwickler	Keine Angaben
Weitere Infos	http://www.awo-duesseldorf.de/bbz_stepbystep.html

Name des Verfahrens	TalentKompass NRW
Zielgruppe	Der TalentKompass NRW wendet sich vor allem an Beschäftigte, die in kleineren und mittleren Unternehmen arbeiten. Er kann darüber hinaus auch von Menschen in Veränderungssituationen genutzt werden, die auf der Suche nach neuen Gestaltungsmöglichkeiten für ihr Leben sind.
Beschreibung	Der TalentKompass ist ein Instrument zur Entdeckung der eigenen Fähigkeiten und hilft bei der beruflichen Orientierung. Er kann sowohl zur Personalentwicklung in Unternehmen als auch im Rahmen von Beratungsprozessen und Weiterbildungsveranstaltungen eingesetzt werden.
Methoden/ Instrumente	Die TalentKompass-Mappe besteht aus Informationen, Checklisten und Fragebögen, mit deren Hilfe sich Personen mit den eigenen Fähigkeiten, Interessen und Werten auseinandersetzen können. Nach einer Bestandsaufnahme kann man überlegen, wie man seine Fähigkeiten und Interessen neu zusammenstellen kann und in welchem Beruf diese gefragt sein könnten.
Ziel/Ergebnis	Folgende Ziele werden verfolgt: eine Bestandsaufnahme der Persönlichkeitsmerkmale, der Fähigkeiten, (Fach-)Kenntnisse und Interessen von Beschäftigten zu unterstützen, neue Kombinationsmöglichkeiten von Fähigkeiten und Interessen aufzuzeigen und die persönliche Veränderungsbereitschaft von Beschäftigten zu stärken und damit ihre Beschäftigungsfähigkeit zu fördern.
Zeitbedarf	1,5 bis zu 10 Stunden
Kosten	Mappe kostenfrei; vorbereitende Schulung 320,00 Euro
Anbieter	Gesellschaft f. innovative Beschäftigungsförderung mbH, G.I.B.
Entwickler	Unter Leitung des Landesinstituts für Qualifizierung NRW/ Ministerium für Arbeit, Gesundheit und Soziales des Landes NRW (2005)
Weitere Infos	http://www.gib.nrw.de

Name des Verfahrens	TASTE – Technik Ausprobieren STärken Entdecken
Zielgruppe	Vor allem Schülerinnen, Schüler, Mädchen, Frauen
Beschreibung	TASTE ist ein Assessment-Verfahren zur Potenzialermittlung und zur beruflichen Orientierung für Mädchen am Ende der Schulzeit. Es ermöglicht, in simulierten Praxissituationen auszuprobieren, welche Anforderungen den Berufsalltag von IT-Berufen, Handwerk und Technik prägen.
Methoden/ Instrumente	Assessment-Center-Verfahren (Potenzial-Assessment) mit den inhaltlichen Schwerpunkten: IT, Handwerk, Technik und Minderheiten.
Ziel/Ergebnis	Ein Instrument für Schulabgängerinnen zur Ermittlung ihrer möglichen Eignung für einen handwerklichen, technischen oder IT-Beruf, zur Erfassung ihrer Schlüsselqualifikationen (Team-, Kommunikations- und Problemlösungskompetenz, Arbeitssystematik, Exaktheit und Sorgfalt, emotionale Belastbarkeit und Eigenverantwortung), als Beitrag zur Verbesserung der Chancengleichheit bei der Berufswahl und zur Erhöhung des Frauenanteils in den noch männerdominierten Berufen.
Zeitbedarf	1 Woche
Lizenzvergabe	LIFE e.V.
Kosten	Keine Angaben
Anbieter	LIFE e.V.
Entwickler	LIFE e.V. (2003)
Weitere Infos	http://www.taste-for-girls.de/

Name des Verfahrens	Wiedereinstiegs-Test
Zielgruppe	Mädchen und Frauen in Familie und Haushalt, die nach Erziehungsurlaub oder einer längeren Phase ohne Beschäftigung wieder ins Berufsleben einsteigen wollen.
Beschreibung	Der Wiedereinstiegs-Test hilft dabei, die beruflichen Interessen und Schlüsselqualifikationen zu überprüfen und zu erkennen.
Methoden/ Instrumente	Der Test kann online im Internet oder als Papierfragebogen bearbeitet werden.
Ziel/Ergebnis	Drei individuell ausgewählte Berufsvorschläge zeigen einen möglichen Weg zurück in den Beruf.
Zeitbedarf	Ca. 30 Minuten, Auswertung etwa 5 Werktage nach der Teilnahme.
Lizenzvergabe	geva-institut
Kosten	Test inkl. Auswertung – Online-Version 23,00 Euro (zzgl. 6,00 Euro Bearbeitungsgebühr bei Versand der Auswertung per Post); Test inkl. Auswertung – Print-Version 30,00 Euro (zzgl. 4,50 Euro Versandkosten für Fragebogen und Auswertung); Zertifikat 12,50 Euro bzw. 19,00 Euro (inkl. Versandkosten)
Anbieter	geva-institut – geva Gesellschaft für Verhaltensanalyse und Evaluation mbH
Entwickler	geva-institut – geva Gesellschaft für Verhaltensanalyse und Evaluation mbH (1993)
Weitere Infos	http://www.geva-institut.de

Name des Verfahrens	Wissen, was ich kann
Zielgruppe	Arbeitnehmer/innen, von Arbeitslosigkeit Bedrohte, Arbeitslose, aus der Freiwilligenarbeit, Menschen in Veränderungssituationen
Beschreibung	Der Workshop „Wissen, was ich kann" setzt auf die Selbstexploration der Teilnehmer/innen entlang ihrer Erfahrungen in Schule, Ausbildung und Arbeit, dem Wissen aus Studium und den Alltagserfahrungen, um sich der eigenen Kompetenzen, Fähigkeiten, Interessen und Stärken zu vergewissern.
Methoden/ Instrumente	Kreative Erinnerungsbücher aus Lernen, Selbstbeschreibung und -einschätzung von Tätigkeiten und Kompetenzen, verbunden mit Selbstpräsentation in der Gruppe.
Ziel/Ergebnis	Mit dem Ziel des Bewusstmachens der eigenen Kompetenzen, Fähigkeiten und Interessen erhalten die Teilnehmer/innen am Ende für sich eine geplante und organisierte Perspektive.
Zeitbedarf	4 Tage
Lizenzvergabe	Keine
Kosten	Ca 200,00 Euro pro Person (Variation nach Gruppengröße, und Rahmenbedingungen)
Anbieter	Bildungswerk der KAB im Bistum Münster
Entwickler	Ortrud Harhues/Jesaja Michael Wigard/Silvia Steinberg, Bildungswerk der Katholischen Arbeitnehmer-Bewegung (KAB) im Bistum Münster (2005)
Weitere Infos	http://www.kab-muenster.de, http://www.kab-bildungswerk.de

Name des Verfahrens	ZOS – Zielfindungs- und Orientierungsseminar zur Studien- und Berufswahl
Zielgruppe	Schüler/-innen ab 10. oder 12./13. Jahrgangsstufe, Student/-innen, die potenzielle Fachwechsler/-innen oder Abbrecher/-innen sind.
Beschreibung	Das ZOS wird gemeinsam in Schulklassen an 5 Tagen in Verbindung mit einer Klassenfahrt durchgeführt. Entlang der Fragen: Was will ich in Zukunft erreichen? (Ziele) – Was steckt in mir zur Erreichung dieser Ziele? (Fähigkeiten) – Welche Tätigkeiten passen dazu? (Berufsfelder) – Wie informiere ich mich? (Informationsmanagement), werden unter der Leitung von Lehrerinnen und Lehrern im Plenum und in (Klein-) Gruppenarbeit Antworten erarbeitet. Berichte aus der Berufswelt und Gespräche mit Praktikerinnen und Praktikern runden die Woche ab.
Methoden/ Instrumente	Moderation, Rollenspiele, Feedback, Gesprächsrunden
Ziel/Ergebnis	Über die Klärung persönlicher Stärken und Ziele sollen die Schüler/-innen für sich ein berufliches Tätigkeitsfeld entdecken. Im weiteren Schritt erarbeiten sie sich die dafür notwendigen Informationen und Wege, um das Ziel erreichen zu können. Am Ende steht der darauf basierende Arbeitsplan.
Lizenzvergabe	Die Urheberrechte des Handbuchs liegen bei der Organisationsberatung Jochen Kloff, Konstanz.
Anbieter	Wird an Schulen in den Bundesländern Baden-Württemberg, Bayern, Berlin und Hamburg angeboten.
Entwickler	Universität Konstanz (1996)
Weitere Infos	http://www.zos.schule-bw.de

Ortrud Harhues und Heike Honauer

Informelle Kompetenzen und Ehrenamt/Freiwilligenarbeit

Ehrenamt, Freiwilligenarbeit, Bürgerschaftliches Engagement – ein Erfahrungsfeld

Neben Erwerbsarbeit und privatem Familienleben ist das unbezahlte, öffentliche Engagement ein weites Betätigungsfeld von Menschen, in dem sie agieren und Erfahrungen machen. Über ein Drittel aller Deutschen ab 14 Jahren ist freiwillig, unbezahlt ehrenamtlich engagiert, so der Freiwilligensurvey des Bundesfamilienministeriums – ein Instrument, das im fünfjährigen Rhythmus Umfang und Ausprägungen des freiwilligen Engagements beobachtet. (BMFSFJ, 2010) Zugrunde liegt dieser Befragung eine weite Definition von Engagement, die Freiwilligenarbeit, Ehrenämter, Selbsthilfe, Bürgerinitiativen und selbstorganisierte Projekte umfasst. Wesentliche Felder des Engagements finden sich danach in Sport, Schule und Kindergarten, Religion und Kirche, Freizeit, Geselligkeit, Kultur und Musik, im sozialen Bereich, bei Feuerwehr und Rettungsdiensten, in beruflichen und politischen Interessenvertretungen, im Umwelt- und Tierschutz, der Jugendarbeit oder in der Lösung lokaler Fragen. (Degen, 2009)

Je nach Aufgabe und Handlungsfeld kommen im Engagement unterschiedliche Kompetenzen zum Tragen. Neben den für ein Handlungsfeld spezifischen „Fachkompetenzen" sind vor allem soziale und persönliche Kompetenzen im Bereich (Selbst-)Organisation, Kommunikation, Teamarbeit sowie Projektmanagement von Bedeutung. Weit über 80% aller Engagierten geben laut Freiwilligensurvey an, im Engagement Fähigkeiten erworben zu haben, die ihnen persönlich wichtig sind. (Degen, 2009)

Dies zählt auch zu den Erwartungen, die an das eigene Engagement geknüpft werden. Nach Angaben des Freiwilligensurveys steht an fünfter Stelle der Erwartungen die Hoffnung, eigene Kenntnisse und Erfahrungen zu erweitern. An zehnter Stelle steht die Erwartung beruflichen Nutzens durch das Engagement. Damit ist das Engagement als Lern- und Erfahrungsfeld subjektiv von hoher Bedeutung, auch wenn die öffentliche Anerkennung dieser Kompetenzen noch auf sich warten lässt. In der Anleitung zur Kompetenzbilanz aus Freiwilligen-Engagement werden folgende Verwendungszusammenhänge für die persönliche Kompetenzdokumentation angesprochen (Gerzer-Sass et al., 2006):

- Anregung für die persönliche Weiterentwicklung
- Auswahl von Weiterbildungen
- Ausbau eigener Stärken
- Veränderung des eigenen Engagements
- Berufliche (Weiter-)Entwicklung

In einem Fachgespräch zum Thema „Kompetenzbilanzierung für freiwillig Engagierte – Was taugt für wen in welchem Kontext“, das am 21. September 2009 stattfand, machte Thomas Kegel von der Akademie für Ehrenamtlichkeit in Deutschland deutlich, dass eine breite öffentliche Diskussion zum Thema Kompetenzerwerb im Ehrenamt noch ganz am Anfang steht. (Institut für Sozialarbeit und Sozialpädagogik e.V., 2009) Auf jeden Fall ist mit dem Fokus auf Kompetenzerwerb in Ehrenamt/Freiwilligenarbeit implizit die Hoffnung verbunden, dass Kompetenzen von Handlungszusammenhängen abstrahiert und in andere Zusammenhänge transferiert werden können.

Kompetenztransfers als Problem und Chance

Kompetenzen als „Handlungsfähigkeit in komplexen Situationen mit offenem Ausgang“ (Hohenstein, 2010) sind per Definition an ganz bestimmte Handlungssituationen und deren Anforderungen gebunden. Sie werden in ihnen erworben, geübt, gezeigt und weiterentwickelt. Es ist vielfältig zu beobachten, dass der Transfer von Kompetenzen aus einer Situation in einem Lebensbereich in ähnliche Situationen in anderen Lebensbereichen nicht erfolgt. So werden z.B. beruflich verwendete Managementmethoden von derselben Person durchaus nicht einfach auf die Leitung eines Vereins oder eines Gremiums übertragen. Ebenso empfindet sich die hochkompetente Hausfrau und Mutter in Hinblick auf berufliche Felder, die Organisationsgeschick, Kommunikationsfähigkeit und Belastbarkeit erfordern, durchaus nicht direkt als kompetent. Und kaum ein Jugendlicher bringt seinen Einsatz im Fußballverein als nachgewiesene Teamfähigkeit bei Bewerbungen ins Spiel, sogar dann nicht, wenn dies in Bewerbungstrainings ausdrücklich empfohlen wird. Dies alles ist alltäglich vielfältig zu beobachten und ist auch nicht weiter verwunderlich, denn Kompetenzen aus einem Lebensbereich in einen anderen zu übertragen ist eine hohe Abstraktions- und Transferleistung: Es gilt, aus Handlungszusammenhängen Kompetenzen zu erkennen und in neue, andere Handlungszusammenhänge zu integrieren. Dafür sind Selbstwahrnehmung, gespiegelte Fremdwahrnehmung und begleitete/angeleitete Reflexion hilfreich und notwendig.

Genau in diesem Prozess der Ermöglichung von Kompetenztransfers auch über Lebensbereiche wie Beruf, Ehrenamt, Familie und Freundeskreis hinweg liegt die Bedeutung von Verfahren der Identifikation, Bewertung und Anerkennung informell erworbener Kompetenzen und ein Arbeitsfeld für die allgemeine Weiterbildung. Wenn informell erworbene Kompetenzen im Zusammenhang mit dem Ehrenamt für die Weiterbildung interessant sind, dann sind zwei Blickwinkel von Bedeutung: Zum einen geht es um die Kompetenzen, die für ein Engagement gebraucht werden, zum anderen um die Kompetenzen, die im Engagement erworben werden.

Kompetenzen für das Engagement

Unterschiedliche Engagementfelder und -aufgaben sind unterschiedlich an den Nachweis vorher erworbener Kompetenzen gebunden. Zum Beispiel in Rettungsdiensten und Freiwilliger Feuerwehr, aber auch bei den ehrenamtlichen Versichertenberatern der Deutschen Rentenversicherung gehört der erfolgreiche Besuch bestimmter Ausbildungs- und Fortbildungsmodule zu den unabdingbaren Voraussetzungen der Aufnahme bzw. Fortführung des Engagements. Möglicherweise anderswo erworbene Kompetenzen werden dabei vorher nicht erhoben und spielen auch im Hinblick auf die „Erlaubnis“, das Amt auszuüben, keine Rolle. Bedeutsam ist der Fortbildungsnachweis.

In anderen Feldern, etwa in den Vertretungsgremien in Betrieben, in Schule oder Kindergarten oder in der Politik, wird das Vorhandensein der notwendigen Kompetenzen stillschweigend vorausgesetzt und die Chancen vorherigen Kompetenzerwerbs in anderen Handlungsfeldern werden z.B. bei der Kandidatenkür kaum thematisiert.

Für viele Felder des Engagements bieten mit den Trägern verbundene Bildungseinrichtungen Angebote zum Erwerb bestimmter für sinnvoll erachteter Kompetenzen an. Auch hier wird bisher nur in ganz wenigen Fällen das Thema der notwendigen Kompetenzen und ihres Erwerbs bei der Gewinnung oder Fortbildung von Ehrenamtlichen/Freiwilligen systematisch angesprochen und reflektiert. An einigen Beispielen soll deutlich werden, wie ein reflexiver Blick auf die notwendigen und vorhandenen Kompetenzen für die Gestaltung eines Ehrenamts und die Auswahl von Fortbildungen hilfreich sein kann.

Beispiel 1: Basiskurs für Mitarbeitervertretungen in der HVHS Gottfried Könzgen in Haltern

Dieses Bildungsangebot richtet sich an neu gewählte Mitglieder kirchlicher Arbeitnehmervertretungsgremien (Mitarbeitervertretungen, MAV). Die HVHS Gottfried Könzgen in Haltern am See führt diese dreitägigen Kurse mit folgenden Zielen regelmäßig durch: „Neu gewählte MAV – Mitglieder müssen sich im Dschungel des staatlichen und kirchlichen Arbeitsrechts einen Überblick verschaffen. Dazu gehört das Kennenlernen der Ordnungen und Informationsstellen genauso wie die Auseinandersetzung mit dem eigenen Selbstverständnis als Interessenvertretung. Neben der Bearbeitung von Fallbeispielen werden auch Tipps für die praktische MAV-Arbeit gegeben." (HVHS Gottfried Könzgen, 2010) In dieser Beschreibung wird deutlich, dass das neu übernommene Wahlamt „Mitarbeitervertretung" andere Kompetenzen erfordert als die bisherige Berufspraxis. Damit ist es für die Teilnehmenden sinnvoll, auf den breiteren informellen Kompetenzerwerb in ihrem Leben aufmerksam zu werden. In diese Kurse sind daher seit 2009 zwei Module à zwei Unterrichtsstunden zur Kompetenzthematik eingebettet. Ziel der Einheiten sind die Identifikation notwendiger Kompetenzen für das jeweils neu übernommene Amt und eine erste Selbstvergewisserung eigener vorhandener Kompetenzen.

Im ersten Modul identifizieren die Teilnehmenden in Kleingruppen anhand von Kompetenzlisten aus dem Kompetenznachweis „Lernen im sozialen Umfeld" die ihrer Meinung nach wichtigsten Kompetenzen für die MAV-Arbeit und präsentieren das Ergebnis im Kursplenum. Das verlangt eine erste Abstraktionsleistung von den Teilnehmenden, die aus ihnen bekannten Handlungszusammenhängen Kompetenzen ableiten und dafür einen generalisierenden Blick auf ihr Engagement werfen müssen. Im zweiten Modul reflektieren die Teilnehmenden anhand einer Mindmap die eigene Biografie gezielt auf die vorher als wesentlich erarbeiteten Kompetenzen. Die Ergebnisse der Einzelarbeit werden dann in Kleingruppen präsentiert und reflektiert. Als letzten Schritt beschreiben die Teilnehmenden Konsequenzen aus den Erkenntnissen in Bezug auf eine systematische und kompetenzbasierte Aufgabenverteilung in ihren MAV-Teams vor Ort und die erkannten Fortbildungsbedarfe. Diese werden im Plenum vorgestellt und dienen u.a. der Bildungseinrichtung als Anregungen für die Gestaltung weiterer Angebote. In der schriftlichen und mündlichen Auswertung der Kurse wurden diese Einheiten von den Teilnehmenden durchweg als wichtig und hilfreich für die Arbeit im eigenen Ehrenamt eingestuft.

Beispiel 2: FührungsKräfteKurs für Ehrenamtliche aus der Vereinsarbeit

Im Rahmen eines solchen Kurses hat das Bildungswerk der Katholischen Arbeitnehmer-Bewegung im Bistum Münster ein Wochenendseminar mit 18 Unterrichtsstunden zum Thema „Kompetenzen für das Ehrenamt" entwickelt. Das Wochenende ist Teil eines Gesamtkurses aus 12 Modulen mit je 18 Unterrichtsstunden, die über drei Jahre hinweg angeboten werden. An dieser Kursreihe nehmen Inhaber oder Aspiranten von Wahlämtern im Rahmen kirchlicher Vereinsarbeit teil. Es handelt sich dabei überwiegend um Menschen mit niedrigen bis mittleren Schul- und Berufsabschlüssen. Ziel dieses Wochenendseminars ist die Identifikation eigener Kompetenzen aus dem bisherigen Lebenszusammenhang durch Selbstbeschreibung und damit Förderung der Selbsterkenntnis und des Selbstbewusstseins. Die Teilnehmenden sollen in die Lage versetzt werden, systematisch und an ihren eigenen Ressourcen orientiert ihr weiteres Ehrenamt zu planen, ihre Einbettung in Teams zu optimieren oder Fortbildungen wahrzunehmen und über die gewollte Nutzung der erkannten Kompetenzen auch in anderen, z.B. beruflichen, Zusammenhängen nachzudenken.

Die Seminargestaltung orientiert sich an Elementen der Kompetenzbilanz aus Freiwilligen-Engagement und dem ProfilPASS und erweitert diese durch kreative Zugänge. Als besonders hilfreiches Material erweist sich die „Liste möglicher Kompetenzen und was darunter zu verstehen ist" aus der Kompetenzbilanz aus Freiwilligen-Engagement, denn sie hilft zur Versprachlichung und Abstraktion der eigenen Erfahrungen. Der zusätzlich kreative Zugang wird durch die Gestaltung von „Erinnerungsbüchern an das eigene Lernen" ermöglicht, die im Gegensatz zu Lerntagebüchern nicht die aktuelle Lernsituation reflektieren, sondern einen intensiven Rückblick auf die bisherige informelle Lernbiografie erlauben. Die kreative Gestaltungsaufgabe führt hier zu einer Verlangsamung und vermag so erfahrungsgemäß den Prozess der Erinnerung anzuregen und zu vertiefen. Wesentlich sind hier wieder der reflexive und abstrahierende Rückblick auf die eigenen Praxiserfahrungen, der in Kompetenzbeschreibungen mündet, und die Antizipation der Herausforderungen, die sich in neuen bzw. anderen Handlungsfeldern stellen können.

Kompetenzen aus dem Engagement

Wie schon zu Beginn gesagt, gehen Ehrenamtliche selbst davon aus, im Engagement zu lernen und Kompetenzen zu erwerben. „Vieles, was ich heute kann, habe ich in den Aufgaben und Ämtern, die ich ehrenamtlich gemacht habe, gelernt." „Im Tun und durch Erfahrung habe ich gelernt, was mir keine Schule und keine Ausbildung beigebracht hat." So oder ähnlich drücken vor allem langfristig engagierte Menschen ihre Lebenserfahrung aus, wie wir in Führungskräfte-Kursen der KAB im Bistum Münster hören konnten. Allerdings bleibt dieser Eindruck im Normalfall allgemein und unspezifisch. Auch die bewusste und systematische Nutzung der in Freiwilligenarbeit/Ehrenamt erworbenen Kompetenzen für berufliche oder persönliche Weiterentwicklung ist bisher wohl eher die Ausnahme. Allerdings wenden sich die Träger des Ehrenamtes diesen Fragen mit zunehmendem Interesse zu, wie auch das Fachgespräch vom 21. September 2009 in Berlin (s.o.) zeigt, bei dem das Bundesnetzwerk Bürgerschaftliches Engagement und die Akademie für Ehrenamtlichkeit Deutschland Mitträger waren.

In verschiedenen Projekten wurde eine Vielfalt unterschiedlicher Kompetenzbilanzen und -nachweise gerade auch für den Bereich Ehrenamt/Freiwilligenarbeit entwickelt.

Die unterschiedlichen Verfahren zum Kompetenznachweis aus dem Engagement lassen sich nach verschiedenen Kriterien in Gruppen zusammenfassen:

- Verfahren, die Jugendliche als Zielgruppe haben, wie z.B. die Kompetenzbilanz aus dem Programm „Freiwilligendienste machen kompetent“ oder der Qualipass, und Verfahren, die sich eher an Erwachsene richten, wie z.B. der ProfilPASS und die Kompetenzbilanz aus Freiwilligen-Engagement
- Verfahren, die eigenständig ohne Beratung/Begleitung zu absolvieren sind, wie z.B. die Kompetenzbilanz aus Freiwilligen-Engagement auf der einen Seite, und Verfahren, die auf Beratung und Begleitung setzen, wie z.B. der ProfilPASS
- Verfahren, die auf die Einholung von Zertifikaten für Aktivitäten mit präziser Tätigkeitsbeschreibung sowie Fremdeinschätzungen setzen, wie der Qualipass oder der Engagementnachweis „Füreinander. Miteinander“ in NRW, und auf der anderen Seite biografische Verfahren, die eher auf Selbstwahrnehmung und Selbsteinschätzung setzen, wie z.B. der ProfilPASS

Welchem dieser Verfahren jeweils der Vorzug gegeben wird, liegt sehr an Interessen und Ressourcen der jeweiligen Anwender/-innen. Ein alles abdeckendes und alle befriedigendes Verfahren ist nicht in Sicht.

Mit den Kompetenznachweisen aus dem Ehrenamt sind ganz unterschiedliche Erwartungen und Interessen verbunden, je nach Fokus der beteiligten Gruppe: Unterscheiden lassen sich insbesondere die Interessen der Träger des Engagements, der Engagierten und der Unternehmen.

Aus Sicht der Träger geht es z.B. um Anerkennung und Würdigung des Einsatzes und damit um Bindung von Engagierten sowie um eine Profilierung der eigenen Organisation und die Weiterentwicklung eines passgenauen Fortbildungskonzeptes.

Gewünscht sind einfache, wenig Ressourcen bindende Bilanzierungsmodelle.

Aus Sicht der Engagierten geht es um Stärkung der individuellen Entwicklung durch einen Prozess der Selbst- und Fremdreflexion, um Stärkung des Selbstbewusstseins und der Dialogfähigkeit. Und sicher auch um die Hoffnung, damit den (Wieder-)Einstieg in die Erwerbsarbeit besser zu schaffen. Hier spielen die Unterstützung durch Beratung und die individuelle Anpassbarkeit des Instrumentes eine große Rolle.

Aus Sicht der Unternehmen geht es um leicht verständliche, kurze und aussagekräftige Dokumente, die möglichst einheitlich sind. Wert wird auf eine differenzierte Beschreibung der erfüllten Aufgaben gelegt. (vgl. Institut für Sozialarbeit und Sozialpädagogik, 2009)

Untersucht und nachgewiesen werden aus dem Engagement ganz unterschiedliche Kompetenzen, je nach Fokus der einzelnen Verfahren. Einen Schwerpunkt legen viele Nachweisverfahren auf persönliche und soziale Kompetenzen. Diese spiegeln sich z.B. in den 47 Items der Kompetenzauswahlliste, die die Kompetenzbilanz aus Freiwilligen-Engagement enthält, wider. Sie gliedern sich in personale Kompetenzen, sozial-kommunikative Kompetenzen, aktivitäts- und umsetzungsorientierte Kompetenzen, fachlich-methodische Kompetenzen und weiter beruflich-fachliche Kompetenzen. Für den Engagementnachweis „Füreinander. Miteinander" in NRW, einer Initiative vom Ministerium für Generationen, Familie, Frauen und Integration des Landes NRW, wurde eine Übersicht der zu bescheinigenden Kompetenzen erstellt (Zwickert, 2009), die neben den persönlichen und sozialen auch Bereiche der Fachkompetenzen im Blick hat und in den folgenden Abbildungen seinen Niederschlag gefunden hat:

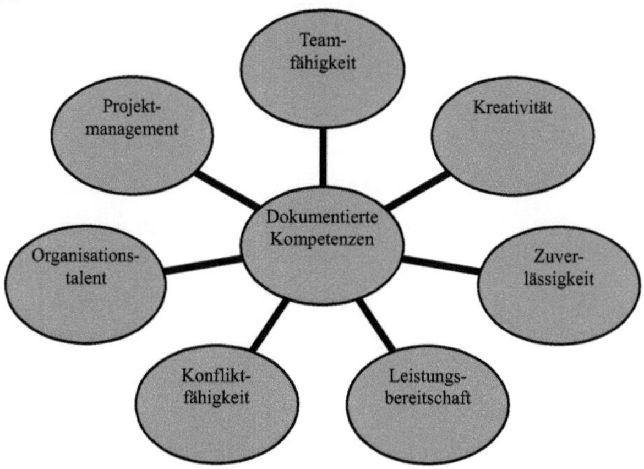

Abb. 1: Persönliche und soziale Kompetenzen

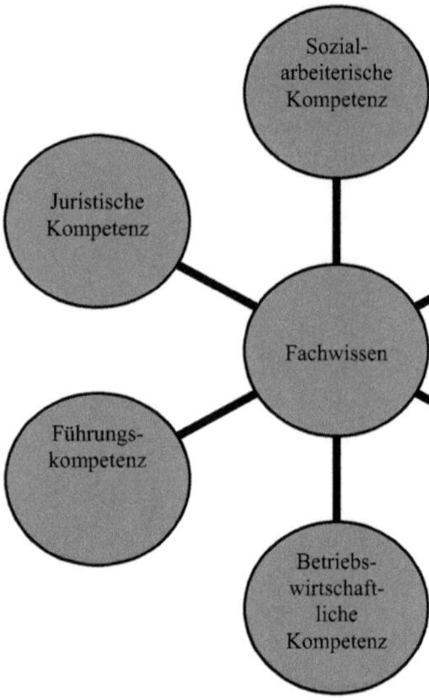

Abb. 2: Fachkompetenzen in den Bereichen

Ein blinder Fleck in den Instrumentarien liegt in den gesellschaftlichen und politischen Kompetenzen, die so gut wie gar nicht in den Blick kommen, aber im Hinblick auf Freiwilligenarbeit/Ehrenamt durchaus von Bedeutung sind.

Zu Risiken und Nebenwirkungen

Ehrenamtliches Engagement/Freiwilligenarbeit als wichtigen informellen Lernort wahrzunehmen und Kompetenzbilanzierung als Chance der Persönlichkeitsentwicklung und Förderung der Erwerbsfähigkeit zugleich anzusehen, scheint auf den ersten Blick ein so bestechend einfacher und geradezu auf der Hand liegender Gedanke, dass man sich fragt, warum die Debatte darüber in Deutschland noch so zögerlich geführt wird. Einige kritische Punkte zeichnen sich bei genauerem Hinsehen allerdings ab und erklären vielleicht die Zurückhaltung, die von vielen Betroffenen immer noch geübt wird:

Die bessere Kenntnis der eigenen Kompetenzen weckt Erwartungen. Erwartungen, die sich z.B. an die Organisationen, die ehrenamtliches Engagement/Freiwilligenarbeit anbieten, richten. Werden sich Menschen ihrer Kompetenzen bewusst, steht zu erwarten, dass sich ihre Ansprüche an ihr Engagement verändern. Wer weiß, was er kann, wird eher anspruchsvoller, was Aufgabengestaltung, Mitsprache, Begleitung und Fortbildungsangebot betrifft. Wer weiß, was er kann, wird vor der Aufnahme einer neuen Aufgabe kritischer und genauer nachfragen, was von ihm erwartet wird und welche Möglichkeiten der Weiterentwicklung ihm eine Aufgabe gibt. Darauf müssen sich die Träger des Engagements einstellen. Die Identifikation von Kompetenzen in Freiwilligenarbeit/Ehrenamt als breites Angebot für Engagierte wird wahrscheinlich die sowieso laufenden Veränderungsprozesse im Freiwilligensektor verstärken und beschleunigen. Das wird nicht von jeder Trägerorganisation gleichermaßen begrüßt. Dies erklärt sicher manche Zögerlichkeit. Am ehesten könnten die Freiwilligenagenturen, die das „matching“ zwischen Trägern und Engagierten als wesentliche Aufgabe haben, an einem flächendeckenden Angebot zur Identifikation von im Engagement erworbenen Kompetenzen interessiert sein.

Bei den Trägern gibt es auch Befürchtungen, dass eine Zertifizierung von im Engagement nachgewiesenen Kompetenzen dieses freiwillige Engagement im Kern angreift und zerstört, weil damit die Ökonomisierung auf die letzten Nischen frei gestalteten Lebens zugreifen könne. „So wurde aus dem Bereich der Jugendverbände davor gewarnt, die Möglichkeit zum Erwerb von Schlüsselkompetenzen als zentrales Motiv für die Aufnahme eines Engagements zu sehen und dieses damit als Vorbereitung für die Arbeitswelt auszurichten. Eine Qualifizierung für den Arbeitsmarkt darf nicht den Hauptanreiz für freiwilliges Engagement darstellen, solche Anreize müssten aus anderen Überlegungen als aus einer reinen Arbeitsmarktlogik heraus entstehen. Andernfalls bestehe die Gefahr, das Engagement zu instrumentalisieren und es damit seines Eigenwerts und seiner spezifischen Struktur zu berauben. Betont wurde außerdem, dass Bildung mehr ist als Kompetenzerwerb. Bildung besitzt einen Eigenwert, der über das direkt Nutzbare hinausgeht. Einige Diskussionsteilnehmer mahnten daher an, die Debatte um Lernchancen im Engagement nicht auf ein rein zweckorientiertes Bildungsverständnis einzuengen.“ (Institut für Sozialarbeit und Sozialpädagogik, 2009, S. 34)

Für den erwarteten besseren (Wieder-)Einstieg in den Beruf durch erkannte und dokumentierte Kompetenzen ist die Anerkennung dieser Dokumente durch die Arbeitgeber Grundvoraussetzung. Aber daran fehlt es noch, wie Gerd Mutz in einer Studie 2003 gezeigt hat (Mutz et al., 2003). Eine regionale Studie von HeurekaNet (Verein zur Förderung von Lernenden Regionen e.V.) zur Bekanntheit des Engagementnachweises „Füreinander. Miteinander“ in NRW war vernichtend. Arbeitgeber kannten das Instrument weitestgehend nicht. (Flachmeyer et al., 2006) Auch in der Dokumentation des Berliner Fachgesprächs zum Thema „Kompetenzbilanzierung für freiwillig Engagierte“ wird die Anerkennung durch die Unternehmer als eine offene Frage benannt. (Institut für Sozialarbeit und Sozialpädagogik, 2009)

Als Fazit kann also festgehalten werden, dass die Klärung und Gestaltung des Verhältnisses von Kompetenzbilanzierung – Ehrenamt/Freiwilligenarbeit und allgemeiner Weiterbildung eine Aufgabe ist, die bislang weder Praxis noch Wissenschaft ausreichend ausgelotet haben. Weder die Chancen noch die Risiken eines solchen Vorgehens sind bisher ausreichend diskutiert und erprobt.

Literatur

Bundesministerium für Familie, Senioren, Frauen und Jugend (BMFSFJ). Freiwilllligendienste machen kompetent. Verfügbar unter http://www.fwd-kompetent.de/index.php?id=110 (Stand: 05.04.2010).

Bundesministerium für Familie, Senioren, Frauen und Jugend (BMFSFJ). Informationen zum 3. Freiwilligensurvey (1999–2009).

Degen, M. (2009). Anreiz- und Anerkennungssysteme für das Ehrenamt: Einführung in das Thema. Wesseling/Eichholz.

Deutsches Institut für Erwachsenenbildung – Leibniz-Zentrum für Lebenslanges Lernen e.V. ProfilPASS: Gelernt ist gelernt. Verfügbar unter http://www.profilpass-online.de/index.php (Stand: 05.04.2010).

Flachmeyer, M., & Becker, K. (2006). Ehrenamt als Ort informellen Lernens in der Wahrnehmung von Unternehmen in der Stadt Münster: Explorative Untersuchung. Münster: HeurekaNet – Verein zur Förderung von Lernenden Regionen e.V. Verfügbar unter http://www.heurekanet.de/doc/EA_Unternehmen_Muenster.pdf (Stand: 05.04.2010).

Gerzer-Sass, A., Reupold, A., & Nußhart, C. (2006). LisU-Projekt: Kompetenznachweis „Lernen im sozialen Umfeld“: Abschlussbericht. München: Deutsches Jugendinstitut e.V. Verfügbar unter http://www.dji.de/bibs/KN_LisU_Abschlussbericht.pdf (Stand: 05.04.2010).

Heimvolkshochschule Gottfried Könzgen. Grundkurs „Basiswissen für MAVen“. Verfügbar unter http://www.hvhs-haltern.de/index.php?cat_id=16209 (Stand: 05.04.2010).

Hohenstein, A. (2010). Das CeKom®-System. Kompetenzen Erkennen – Fördern – Entwickeln: Handlungsfähigkeit in komplexen Situationen mit offenem Ausgang. Köln.

Institut für Sozialarbeit und Sozialpädagogik e.V.; Bundesnetzwerk Bürgerschaftliches Engagement; Akademie für Ehrenamtlichkeit Deutschland. Kompetenzbilanzierung für freiwillig Engagierte – Was taugt für wen in welchem

Kontext? Dokumentation des Fachgesprächs am 21.09.2009 in Berlin. Verfügbar unter http://www.b-b-e.de/fileadmin/inhalte/aktuelles/2010/02/dokumentation__fachgespraech_kompetenzbilanzierung_end.pdf (Stand: 05.04.2010).

Jugendstiftung Baden-Württemberg: Servicestelle Jugend und Schule. Qualipass. Verfügbar unter http://www.qualipass.info/ (Stand: 05.04.2010).

Mutz, G., & Söker, R. (2003). Lernen in Tätigkeitsfeldern bürgerschaftlichen Engagements – Transferprozesse in die Erwerbsarbeit: Fallstudien in ausgewählten Regionen Deutschlands. Berlin: Münchner Institut für Sozialforschung. Verfügbar unter http://www.abwf.de/content/main/publik/materialien/materialien46.pdf. (Stand: 05.04.2010).

Zwickert, P. (2009). Jeder kann von seinem Engagement profitieren! Anreizsysteme in den Bundesländern: Das Beispiel NRW. Wesseling/Eichholz.

Andreas Schulte Hemming

Psychometrische Verfahren, Eignungsdiagnostik, Online-Tests ...

Der *Neue-Chancen-Test*, der *Wiedereinstiegs-Test*, der *Eignungstest Berufswahl* vom geva-institut, das *Berufsprofiling-Online* von HR-Diagnostics AG, das *Bochumer Inventar zur berufsbezogenen Persönlichkeitsbeschreibung* (BIP+), die *Arbeitsprobe zur berufsbezogenen Intelligenz – Technische und handwerkliche Tätigkeiten (AZUBI-TH)* vom Hogrefe-Verlag, *„Welcher Beruf passt zu mir?"* vom Unicum-Verlag, *„Mein Berufsweg"* von der Ruhr-Universität Bochum, der *Big Five: Persönlichkeitstest* und der *DIALANG-Sprachtest* sind eine Auswahl der zahlreichen psychometrischen Verfahren, wie sie aktuell im Sinne der Eignungs- oder Persönlichkeitsdiagnostik im Internet zahlreich zu finden sind.

Psychometrische Verfahren sind objektive Messverfahren wie Testverfahren oder standardisierte Beobachtungsinstrumente. Unter Messung verstehen sie die „Zuordnung von Zahlenwerten und numerischen Verfahren zu empirischen Größen und Vorgängen" (Mittelstraß, 1995, S. 862), ihre Auswahl- und Entwicklungsinstrumente sollen Rückschlüsse auf Fähigkeiten und Persönlichkeit von Getesteten ermöglichen.

In der Wahrnehmung und Bewertung dieser Instrumente und Verfahren finden sich zwei unterschiedliche Tendenzen: Auf der einen Seite haftete ihnen lange der Geruch fragwürdiger Intelligenztests an und sie werden heute noch von Arbeitnehmern und Stellenbewerbern mit Skepsis als Auswahlverfahren in Unternehmen betrachtet. „Testverfahren sind häufig für den Beurteilten intransparent konzipiert, um die Gefahr der Durchschaubarkeit und damit der Verfälschung der Testergebnisse zu minimieren". (Lang-van Wins, 2007, S. 772)

Auf der anderen Seite stoßen psychometrische Verfahren beim Personalmanagement auf großen Zuspruch. Auch in der EDV-gestützten und internetbasierten Version erfahren sie in den letzten Jahren eine Renaissance und erfreuen sich einer breiten Zustimmung.

Die insgesamt positiven Beurteilungen der Eignungs- und Berufswahltests durch die in der Bevölkerung breit und aufmerksam wahrgenommene Stiftung Warentest tragen sicherlich auch dazu bei. (Stiftung Warentest, 2004 und 2007)

Heute präsentieren sich psychometrische Verfahren zunehmend in der Online-Fassung als Verfahren zur Messung von Kompetenzen und Verhaltenstendenzen mit Berufsbezug – schnell durchführbar, unkompliziert anzuwenden und teilweise kostenlos.

Auch in der Erweiterung der Gütekriterien lässt sich die Entwicklung der psychometrischen Verfahren beobachten. Galten lange Zeit die klassischen Gütekriterien wie

- *Objektivität* (Sind die Ergebnisse unabhängig von Einflüssen der Untersucher oder der Untersuchungssituation bei Durchführung, Auswertung und Interpretation zustande gekommen?)
- *Reliabilität* (Wird das Merkmal zuverlässig gemessen oder ist die Messung in zu großem Ausmaß mit Messfehlern behaftet?)
- *Validität* (Misst das Verfahren tatsächlich das gewünschte Merkmal? Ist das Verfahren für die Messung des Merkmales tauglich?)

als großer Vorteil mit einem hohen Standardisierungsgrad und mit hohen methodischen Ansprüchen gegenüber eher qualitativ ausgerichteten Verfahren und Instrumenten, so finden sich zunehmend auch neuere, eher an diesen qualitativen Verfahren orientierte, Qualitätsansprüche wieder (Kaufhold, 2006, S. 137ff.):

- *Fairness:* Wird bei der Durchführung und Auswertung der Daten auf den Datenschutz, die Vollständigkeit der Daten, Transparenz und auf Chancengleichheit geachtet?
- *Nutzen:* Wie sieht der praktische Bedarf der Ergebnisse aus? Rechtfertigt der Nutzen den Aufwand und wird das angestrebte Ziel erreicht?
- *Ökonomie:* Stehen die Kosten in angemessenem Verhältnis zum erzielten Nutzen? Gibt es eine kurze Durchführungszeit, wenig Materialverbrauch, einfache Handhabbarkeit und eine schnelle, bequeme Auswertung?
- *Akzeptanz:* Wird das Verfahren von allen beteiligten Akteursgruppen akzeptiert, damit die Ergebnisse überhaupt einen Nutzen entfalten können?

Damit soll der verhältnismäßig geringen Akzeptanz bei den beurteilten Personen entgegengewirkt werden.

Aber nicht nur in der Wahrnehmung der Teilnehmer und Anwender der psychometrischen Verfahren fanden und finden sich immer kritische Stimmen, sondern insbesondere auch in der Forschung zu Fragen des Kompetenzverständnisses und der -erfassung weist Thomas Lang-van Wins auf zwei wesentliche und kritisch zu betrachtende Aspekte der psychometrischen Verfahren hin:

Durch die Messung von Kompetenzen und Persönlichkeitsmerkmalen könnte eine Illusion der Gewissheit durch die Abgabe von „sicheren Prognosen“ entstehen, dass z.B. durch einen Berufswahl-Test eine Sicherheit auf einen späteren Berufserfolg vorgetäuscht würde. Im Rahmen der Verfahren und Instrumente der Kompetenzerfassung geht die psychometrisch ausgerichtete Sicht der Kompetenzmessung davon aus, „dass eindeutige Zuordnungen zwischen gemessener Leistung/ Kompetenz und den domänenspezifischen Anforderungen möglich und logisch sind. D.h., dass von eng definierten und statischen Anforderungen an die Handlungsfähigkeit von Personen auszugehen ist“. (Lang-van Wins, 2007, S. 759)

Ebenso wird kritisch angemerkt, dass unklar bleibt, was die psychometrischen Verfahren unter Kompetenzen verstehen und ob sie überhaupt das messen, was sie vorgeben zu messen. „Die von psychologischer Seite zur Verfügung stehenden Methoden zur Diagnose von Managementkompetenzen erfassen mehrheitlich Kompetenzkorrelate auf der Ebene von Persönlichkeitseigenschaften und kognitiver Leistungsfähigkeit; sie können daher nicht unmittelbar auf die Diagnose von Kompetenzen angewandt werden. Wesentlich bei der Anwendung für diese Fragestellung sind fundierte Hypothesen darüber, in welcher Beziehung die erfassten Konstrukte zu der Entwicklung von Kompetenzen stehen bzw. welchen Aufschluss sie über vorhandene Kompetenzen geben.“ (Lang-van Wins, 2007, S. 786)

An dieser Stelle kann nicht im Einzelnen geprüft werden, ob alle aktuellen psychometrisch ausgerichteten Verfahren der Kompetenzerfassung zufriedenstellende Antworten auf die von Lang-van Wins formulierte kritische Betrachtung geben.

Festgestellt werden kann aber:

- Psychometrische Verfahren sind häufig Teil von sogenannten Mischverfahren wie dem Hamet2, dem erweiterten Profil AC oder den zahlreichen Berufsorientierungsprogrammen der Schulen, die für sich nicht nur die reine Bilanzierung, sondern auch die Kompetenzentwicklung ihrer Teilnehmer/-innen im Fokus haben und ausgewiesene Aussagen über ihr Kompetenzkonstrukt machen.
- Vorbereitende Gespräche und eine nachbereitende Beratung sind häufig ein fester Bestandteil des Angebotes von Online-Tests.
- Die Stärken der psychometrischen Verfahren liegen einmal in ihrem in der Regel ökonomischen Einsatz, d.h., sie sind zeitlich und auch finanziell klar umrissen. Zum anderen sind sie von Einzelpersonen an jedem Ort, wenn sie als Online-Version angeboten werden, nutzbar. Und auch ihr flexibler und klar kalkulierbarer Einsatz als Element eines größer angelegten Verfahrens oder eines über einen längeren Zeitraum ausgerichteten Prozesses ist ein Vorteil.

So lässt sich abschließend folgendes Resümee ziehen: Es ist eine positive Entwicklung in den Angeboten von psychometrischen Verfahren zu beobachten, die Thomas Lang-van Wins 2007 wie folgt formulierte: Die Verfahren der psychologischen Eignungsdiagnostik „können eine vertiefende Auseinandersetzung mit den eigenen Kompetenzen anregen und so zum Ausgangspunkt einer fruchtbaren Weiterentwicklung werden. Eine deutliche Verschränkung zwischen Diagnose und Kompetenzentwicklung [...] könnte zu dem wesentlichen Zukunftstrend der Kompetenzforschung und ihrer Anwendung werden." (Lang-van Wins, 2007, S. 787)

Schon heute gilt: Psychometrische Verfahren sind ein fester Bestandteil in der Landschaft der Kompetenzerfassungen und präsentieren sich gut aufgestellt im Markt der zahlreichen Anbieter.

Literatur

Kaufhold, M. (2006). Kompetenz und Kompetenzmessung. Analyse und Beurteilung von Verfahren der Kompetenzerfassung, Wiesbaden.

Lang-von Wins, T. (2007). Die Kompetenzhaltigkeit von Methoden moderner psychologischer Diagnostik-, Personalauswahl- und Arbeitsanalyseverfahren sowie aktueller Management-Diagnostik-Ansätze. In: Handbuch der Kompetenzmessung. Erkennen, verstehen und bewerten von Kompetenzen in der betrieblichen, pädagogischen und psychologischen Praxis, 2. Auflage, Stuttgart, S. 758–792.

Mittelstraß, J. et al. (Hrsg.) (1995). Stichwort Messung: Enzyklopädie Philosophie und Wissenschaftstheorie, Stuttgart, Weimar.

Ridder, H.-G., Bruns, H.-J., & Brünn, S. (2004). Online- und Multimediainstrumente zur Kompetenzerfassung, QUEM-report Schriften zur beruflichen Weiterbildung, Heft 86.

Stiftung Warentest (Hrsg.). Finanztest 11/2004. Online-Tests zur Berufswahl: Eignungstest bestanden. – Als PDF-Datei unter http://www.test.de erhältlich.

Stiftung Warentest (Hrsg.). Test 03/2007. Online-Tests zur Selbsteinschätzung: Eignungsprüfung im Netz. – Als PDF-Datei unter http://www.test.de erhältlich.

Ortrud Harhues und Heike Honauer

Kompetenzen für das ganze Leben – einige kritische Anfragen zur Kompetenzfeststellung in Deutschland

Informell erworbene Kompetenzen erkennen – das wird in Deutschland noch wenig diskutiert. Und wenn, dann fast ausschließlich verknüpft mit der Frage nach der Beschäftigungsfähigkeit des Menschen. Kompetenzen werden geradezu zweckgebunden gesucht: Was kann der getestete Schüler, die interviewte Umsiedlerin aus Russland, der „profilte" Langzeitarbeitslose denn noch, womit man ihn oder sie in eine Ausbildung, berufliche Weiterbildung oder einen Job vermitteln könnte? Unbehagen macht sich breit bei Trägern der allgemeinen und politischen Weiterbildung, wenn von Kompetenzbilanzierung die Rede ist.

Bildungspolitisch ist die Orientierung an Kompetenzen im Rahmen der Entwicklung des nationalen Qualifikationsrahmens ein ausgesprochen heißes Thema. Die Debatte wirkt seltsam frei schwebend und wenig in die deutsche Bildungslandschaft eingebettet. Für Deutschland typisch sind die Trennung von allgemeiner und beruflicher Bildung sowie die föderalistisch geprägte und von vielfältigen Trägern gestaltete Weiterbildungslandschaft. Diese deutschen Rahmenbedingungen prägen auch die Rezeption europäisch gesetzter Bildungsthemen.

Mit ihrer Zentrierung auf „Beschäftigungsfähigkeit" wird die Debatte um die Kompetenzorientierung in Deutschland in den Bereichen der allgemeinen und politischen Bildung überwiegend mit Skepsis betrachtet. Der Blick der allgemeinen Erwachsenenbildner/-innen auf Kompetenzidentifikation ist ein zumindest distanzierter Blick: Die Umsetzung des Europäischen Qualifikationsrahmens in einen nationalen Qualifikationsrahmen wird von renommierten Vertretern kritisch bewertet. (KBE, 2009, S. 187ff.) Es herrscht der Verdacht, dass damit die letzten freien und eigensinnigen Bereiche menschlichen Lebens und Lernens auch noch kommerzialisiert werden und der Ökonomisierung aller Lebensbereiche Tür und Tor geöffnet werden könnte. Darüber hinaus befürchten die Träger den Rückzug der „öffentlichen Hand" aus der Förderung der allgemeinen und politischen Bildung.

Informelle Lernkontexte und selbstorganisiertes Lernen, wie sie bei Kompetenzbilanzierungen und deren Verfahren gefördert werden, verschieben den Fokus vom „Lehren" zum „Lernen", von der Gruppe zum Einzelnen. Dieser Paradigmenwechsel verbunden mit der politischen Debatte um die informell erworbenen Kompetenzen sei eine leicht zu instrumentalisierende Argumentation für diesen Rückzug, ist die große Sorge.

Auch in der Praxis der allgemeinen Erwachsenenbildung spielen Kompetenzen, Kompetenzidentifikation, Kompetenzorientierung eine eher marginale Rolle. Bei den regionalen und nationalen Methodenwerkstätten des Kompetenzprojektes IBAK waren nur wenige Vertreter/-innen aus der allgemeinen Weiterbildungslandschaft der Einladung gefolgt – der Löwenanteil der Teilnehmenden kam aus dem Bereich der beruflichen Weiterbildung, aus dem Bereich des Profiling von Schülern, Studierenden und Arbeitslosen.

Jugendbildungseinrichtungen, Beratungsstellen und Schulen insbesondere für junge Menschen mit geringer formaler Bildung sowie Träger von Maßnahmen, die über die Agentur für Arbeit finanziert werden, experimentieren mit einer Fülle unterschiedlicher Methoden der Kompetenzidentifikation. Sie erleben sich als Konkurrenten auf einem umkämpften Markt, was sich auch in der in diesem Band vorgelegten Dokumentation verschiedener Methoden der Identifikation informell erworbener Kompetenzen, die im Rahmen des Projektes IBAK zusammengetragen wurden, widerspiegelt. In der allgemeinen Erwachsenenbildung finden sich dagegen nur bei einigen Volkshochschulen oder anderen Trägern, die sich dem Feld der beruflichen Bildung zunehmend geöffnet haben, Angebote der Beratung und Begleitung von Kompetenzchecks. Das Angebot ist eher gering und umfasst vor allem Beratungen und Kurse im Umfeld von Wiedereinstiegs- und Orientierungskursen für Frauen am Ende der Familienphase. Und auch bei potenziellen Teilnehmenden gibt es offenbar jenseits von Fragen des Berufseinstiegs oder der Karriereplanung kaum Interesse, den eigenen Kompetenzen auf die Spur zu kommen.

Die Debatte um den deutschen Qualifikationsrahmen führen also Politiker, Vertreter der klassischen Berufsbildung und die Arbeitsmarktakteure fast allein. Hier bildet sich, wie oben schon erwähnt, die für Deutschland klassische inhaltliche und institutionelle Trennung von allgemeiner und beruflicher Bildung ab. Es entsteht der Eindruck, dass es in der Debatte vor allem um den Erhalt der dualen Berufsausbildung in Deutschland gehe. Findet die Kompetenzorientierung Eingang ins Zentrum der Ausbildung, wird der schulische Teil der dualen Ausbildung weitaus stärker modularisiert und individualisiert, als dies heute der Fall ist. Wenn informell erworbene Kompetenzen einen neuen Zugangsweg zu einem anerkannten Berufsabschluss ermöglichen, fürchten Vertreter des dualen Ausbildungssystems um den Wert des dualen Weges. Die duale Ausbildung in Deutschland sähe sich dann inmitten einer großen Rechtfertigungsdiskussion.

Die viel beschworene Einheit von allgemeiner und beruflicher Bildung, die politische Rede vom lebenslangen Lernen bleiben, so scheint es, weitgehend leere Worthülsen.

Einen anderen Weg haben die Bildungseinrichtungen der Katholischen Arbeitnehmer-Bewegung (KAB) beschritten. Im Rückgriff auf den Sozialphilosophen Oskar Negt weiten sie schon seit einigen Jahren den Begriff der Kompetenzen über den Bereich des beruflich Verwertbaren hinaus.[1] Sie identifizieren gesellschaftlich relevante Kompetenzen und setzen diese in Beziehung zu einer Bildung, deren Auftrag Befreiung und Ermutigung von Menschen zum Gestalten der Welt ist – in Anlehnung an die Pädagogik von Paulo Freire.

Oskar Negt formuliert folgende sechs gesellschaftliche Kompetenzen:

- „Identitätskompetenz und interkulturelle Kompetenz“ meint die Kompetenz, eine eigenständige Persönlichkeit zu sein und in konstruktive Beziehungen zu anderen Personen und Kulturen zu treten.
- „Ökologische Kompetenz“ meint die Kompetenz zum pfleglichen nachhaltigen Umgang mit den Menschen, der Natur und den „Dingen“.
- „Technologische Kompetenz“ meint die Kompetenz zur Einschätzung von und zum Umgang mit moderner Technik, was heute vor allem kompetenter Umgang mit Kommunikationstechnologie bedeutet.
- „Ökonomische Kompetenz“ meint die Kompetenz, ökonomische Zusammenhänge zu kennen, zu bewerten und entsprechend zu handeln.
- „Historische Kompetenz“ meint die Kompetenz, aus Erinnerung und Utopie die Zukunft zu gestalten.
- „Gerechtigkeits- und Solidaritätskompetenz“ meint die Kompetenz, zwischen Recht und Unrecht zu unterscheiden und zu bewerten, was Gerechtigkeit fördert oder verhindert.

In einem aktuellen Beschluss des Bundesausschusses der KAB Deutschland vom 28. März 2010 zur „Bildungspolitischen Positionierung der KAB Deutschlands“ vertieft und differenziert die KAB diesen Ansatz, indem sie die gesellschaftlichen Kompetenzen von Negt in Beziehung setzt zu der Systematisierung von John Erpen-

---

1 Unter dem Titel „Bilden – bewegen – beteiligen. Bildung schafft Gerechtigkeit“ hat die Katholische Arbeitnehmer-Bewegung (KAB) Westdeutschlands bereits 2003 einen Beschluss gefasst, in dem sie sich für eine Reform des Bildungswesens einsetzt, die sich an wesentlichen Kompetenzen zur Lebens- und Gesellschaftsgestaltung orientiert. Dabei greift sie auf ein Konzept von Oskar Negt zurück, das z.B. in einem Redemanuskript vom Jahresempfang des DGB-Bildungswerkes NRW e.V. vom 10.02.2000 nachzulesen ist. (Siehe dazu: http://www.netzwerk-weiterbildung.info/upload/m47501333818cf_verweis1.PDF).

beck. Erpenbeck unterscheidet folgende Kompetenzen als Selbstorganisationsdispositionen (Erpenbeck et al., 2003):

- die personale Kompetenz: also die Kompetenz zu sein
- die Aktivitäts- und Umsetzungskompetenz: also die Kompetenz zu handeln
- die fachlich-methodische Kompetenz: also die Kompetenz sich Wissen anzueignen
- die sozial- kommunikative Kompetenz: also die Kompetenz zusammen zu leben
- die Transferkompetenz: also die Kompetenz in einem Handlungsfeld Erprobtes in ein anderes zu übertragen

Verbunden ist dieser Bildungsansatz mit dem politischen Modell einer Tätigkeitsgesellschaft, in der nicht die Berufsfähigkeit und die Berufstätigkeit im Vordergrund stehen, sondern die breite Förderung, Anerkennung und Absicherung aller sinnvollen menschlichen Tätigkeiten im Bereich der Eigenarbeit, der privaten Pflege- und Sorgearbeit, in der ehrenamtlichen Freiwilligenarbeit und im Beruf.

In diesem Konzept spielt der Kompetenztransfer zwischen den verschiedenen Lebensbereichen eine zentrale Rolle für die Entwicklung der Personen und der Gesellschaft. Weiterbildung steht so im Dienst der Selbstbestimmung und Selbstorganisation. „Bildungsarbeit unterstützt und erweitert erworbene Kompetenzen, bildet neue heraus und verhilft zur Möglichkeit eines bewussten Umgangs mit ihnen. Sie ist Bewusstseinsbildung, die die bestehenden Verhältnisse und die Praxis der Beteiligten reflektiert." (KAB, 2010, S. 1) Folglich experimentieren Bildungsträger der KAB mit Methoden der Identifikation von Kompetenz im Rahmen der Qualifizierung für ehrenamtliches Bürgerengagement – siehe dazu auch den Beitrag in diesem Buch – oder haben ihr ganzes Bildungskonzept auf eine theoretische Kompetenzmatrix abgestimmt (vgl. die Homepage des KAB Diözesanverbandes München-Freising). Jedes Fortbildungsmodul, jede Bildungsveranstaltung ist gesellschaftlich relevanten Kompetenzen zugeordnet und als solche speziell ausgewiesen. Die Teilnehmenden entscheiden sich nicht nur für ein Thema, sondern erkennen, welche gesellschaftliche Kompetenz sie mit dem Besuch der Veranstaltung fördern oder ausbilden können.

Das hat auch Folgen für die Art und Weise der Weiterbildung. Eine solche kompetenzorientierte Bildung kann niemals abstrakt, ohne Bezug zu ganz bestimmten Handlungssituationen erfolgen. Sie muss Bezug nehmen auf die Lebens- und Handlungszusammenhänge der beteiligten Menschen und die darin gemachten Erfahrungen.

Mit diesem Konzept stellt die KAB die Diskussion über die Kompetenzorientierung in eine neue Spur und öffnet so einen neuen Raum für innovative Diskussionen zum Stellenwert von Kompetenzidentifikation in der allgemeinen und politischen Erwachsenenbildung.

Literatur

Erpenbeck, J., & Rosenstiel, L. von (Hrsg.) (2003). Handbuch Kompetenzmessung: Erkennen, verstehen und bewerten von Kompetenzen in der betrieblichen, pädagogischen und psychologischen Praxis. Stuttgart: Schäffer-Poeschel.

Katholische Arbeitnehmer-Bewegung (KAB) – Diözesanverband München-Freising. KEP. Kompetenz-Entwicklungs-Programm. Verfügbar unter http://www.kabdvmuenchen.de/kompetenzentwicklung.html (Stand: 04.04.2010).

Katholische Arbeitnehmer-Bewegung (KAB) Deutschlands – Bundesausschuss (28.03.2010). Bildungspolitische Positionierung der KAB Deutschlands: Beschluss.

Katholische Bundesarbeitsgemeinschaft Erwachsenenbildung (KBE) (2009). Neuentdeckung der Erwachsenenbildung? Ein Symposion. Erwachsenenbildung EB. Vierteljahresschrift für Theorie und Praxis, 55(4), S. 187ff.

Andreas Schulte Hemming

Glossar

Anerkennung von Lernergebnissen

(a) Formelle Anerkennung: der Prozess der formellen Anerkennung des Wertes von Kompetenzen, entweder:

- durch das Verleihen von Qualifikationen (Befähigungsnachweise, Bescheinigungen, Diplome, Zertifikate, Zeugnisse) oder
- durch das Verleihen von Entsprechungen, Anrechnungspunkten oder Urkunden, die Validierung vorhandener Kompetenzen.

Und/oder:

(b) Gesellschaftliche Anerkennung: die Anerkennung des Wertes von Kompetenzen durch Akteure aus Wirtschaft und Gesellschaft.

Engl. Übersetzung: **recognition of learning outcomes**

Assessment-Center-Verfahren

Ein sogenanntes Mischverfahren unterschiedlicher Methoden und Instrumente der Kompetenzerfassung zwecks Erhöhung der objektiven Aussagekraft bei der Kompetenzfeststellung. Hierbei geht es in erster Linie um das Testen spezifischer Fähigkeiten, Stärken und Potenziale. Assessment-Center-Verfahren finden häufig Verwendung in der Beratung und werden zur Einstufung der beruflichen bzw. betrieblichen Bildung, zur Karriereplanung, zur Unterstützung bei Personalentscheidungen oder zur Ableitung von strategischen Kompetenzentwicklungsmaßnahmen eingesetzt.

Engl. Übersetzung: **assessment center**

Befähigungsnachweis / Bescheinigung / Diplom / Zertifikat / Zeugnis/ Titel

Ein offizielles, von einer ausstellenden Stelle oder Behörde vergebenes Dokument, das in Folge einer Bewertung und einer Validierung gemäß eines festgelegten Standards die Leistungen einer Person erfasst.

Engl. Übersetzung: **certificate / diploma / title**

Beurteilung

Schriftlich fixierte Fremdbewertung, die sowohl Fachkompetenzen als auch überfachliche Kompetenzen bewertet.

Engl. Übersetzung: **assessment**

Bewertung von Lernergebnissen

Verfahren zur Beurteilung von Kenntnissen, Know-how und/oder Kompetenzen einer Person gemäß festgelegter Kriterien (Lernerwartungen, Messung von Lernergebnissen). Die Bewertung führt normalerweise zu einer Validierung und Zertifizierung.

Anmerkung: In der englischsprachigen Literatur bezieht sich der Begriff „assessment" in der Regel auf die Beurteilung von Personen; die Beurteilung von Ausbildungsmethoden oder -anbietern wird meist als „evaluation" bezeichnet.

Engl. Übersetzung: **assessment of learning outcomes**

Europäischer Qualifikationsrahmen für lebenslanges Lernen (EQR)

Referenzinstrument für die Beschreibung und den Vergleich von Qualifikationsniveaus in Qualifikationssystemen.

Anmerkung: Den Kern des EQR bilden acht Referenzniveaus, die im Sinne von Lernergebnissen (Kombination aus Kenntnissen, Fähigkeiten und/oder Kompetenzen) beschrieben werden, sowie Mechanismen und Grundsätze für die freiwillige Zusammenarbeit.

Diese acht Niveaus decken sämtliche Qualifikationen ab – angefangen bei grundlegenden Kenntnissen, Fähigkeiten und Kompetenzen bis hin zu den Qualifikationen, die auf der höchsten Stufe akademischer und beruflicher Aus- und Weiterbildung verliehen werden. Der EQR dient als „Übersetzungshilfe" zwischen den verschiedenen Qualifikationssystemen.

Engl. Übersetzung: **European qualifications framework for lifelong learning (EQF)**

Evaluation

Evaluation meint das methodische Erfassen und das begründete Bewerten von Bildungsergebnissen. Ziele sind die effektive Wirkungskontrolle und die optimierte Steuerung und Reflexion von Bildungsprozessen.

Engl. Übersetzung: **evaluation**

Formales Lernen

Lernen, das in einem organisierten und strukturierten Kontext (z.B. in einer Einrichtung der allgemeinen oder beruflichen Bildung oder am Arbeitsplatz) stattfindet, explizit als Lernen bezeichnet wird und (in Bezug auf Lernziele, Lernzeit oder Lernförderung) strukturiert ist. Formales Lernen ist aus der Sicht des Lernenden zielgerichtet und führt im Allgemeinen zur Zertifizierung.

Engl. Übersetzung: **formal learning**

Gegenseitige Anerkennung von Qualifikationen

Anerkennung von Qualifikationen (Befähigungsnachweise, Bescheinigungen, Diplome, Zertifikate, Zeugnisse oder Titel), die in oder von einem/einer oder mehreren Staat/en oder Organisation/en verliehen wurden, durch einen/eine oder mehrere Staat/en oder Organisation/en.

Engl. Übersetzung: **mutual recognition of qualifications**

Grundkompetenzen / Grundfertigkeiten / Basis-, Kernqualifikationen

Bezeichnet die Fähigkeiten, die für die Lebensbewältigung in zeitgenössischen Gesellschaften nötig sind, wie z.B. die Fähigkeit, ein Gespräch zu führen (Reden und Zuhören), sowie Lese-, Schreib- und Rechenkenntnisse.

Engl. Übersetzung: **basic skills**

Informelles Lernen

Lernen, das im Alltag, am Arbeitsplatz, im Familienkreis oder in der Freizeit stattfindet. Es ist in Bezug auf Lernziele, Lernzeit oder Lernförderung nicht organisiert oder strukturiert. Informelles Lernen ist in den meisten Fällen aus Sicht des Lernenden nicht ausdrücklich beabsichtigt.

Engl. Übersetzung: **informal learning**

Instrument

Hilfsmittel bzw. Werkzeug, das im Zusammenhang mit einer Methode zielgerichtet verwendet wird.

Engl. Übersetzung: **tool**

Kernkompetenzen / Kernfertigkeiten / Schlüsselkompetenzen

Die Summe der Fertigkeiten (Grundfertigkeiten und neue Grundfertigkeiten), die in der modernen Wissensgesellschaft benötigt werden.

Engl. Übersetzung: **key skills / key competences**

Kompetenz

Kompetenz ist demgegenüber eine personengebundene Kategorie. Sie beinhaltet die Fähigkeit des Einzelnen zu eigenverantwortlichem Handeln in privaten, beruflichen und gesellschaftlichen Situationen. (Deutscher Bildungsrat, 1974)

Engl. Übersetzung: **competence**

Kompetenzentwicklung

Prozess, in dem das Subjekt seine fachlichen, sozialen, methodischen und/oder personalen Kompetenzen erweitert, aktualisiert und verfeinert.

Kompetenzerfassung

Kompetenzfeststellungsverfahren, Kompetenzbilanzen, Kompetenzchecks, Potenzialanalysen, Profiling, Assessment-Center-Verfahren, Eignungsanalysen oder Einstellungstests sind allesamt Bezeichnungen für Verfahren oder Instrumente, mit denen Kompetenzen, Fertigkeiten und Fähigkeiten, Wissen, Haltungen und Dispositionen von Personen ermittelt, sichtbar gemacht und bewertet werden sollen, und zwar unabhängig davon, in welchen Zusammenhängen diese Qualifikationen, Kompetenzen und Fähigkeiten erworben wurden.

Engl. Übersetzung: **identification of competences**

Kompetenzpässe

Mischverfahren zur Erfassung und Dokumentation von Kompetenzen. Die verschiedenen Pässe haben unterschiedliche Schwerpunkte und sprechen unterschiedliche Zielgruppen an. Die Angebotspalette der Kompetenzpässe umfasst u.a. die Bereiche Übergang Schule–Beruf, Berufswahl, Jobwechsel, Lebenslanges Lernen, Wiedereinstieg in den Beruf.

Lebenslanges Lernen

Alles Lernen während des gesamten Lebens, das der Verbesserung von Wissen, Fähigkeiten, Kompetenzen und/oder Qualifikationen dient und im Rahmen einer persönlichen, bürgergesellschaftlichen, sozialen bzw. beschäftigungsbezogenen Perspektive erfolgt.

Engl. Übersetzung: **lifelong learning**

Lernen

Prozess, in dem eine Person Informationen, Ideen und Werte aufnimmt und sich auf diese Weise Wissen, Know-how, Fähigkeiten und/oder Kompetenzen aneignet.

Engl. Übersetzung: **learning**

Lernende Region

Eine Region, in der die Interessengruppen mit dem Ziel zusammenarbeiten, dem lokalen Lernbedarf gerecht zu werden und Ressourcen zu teilen, um gemeinsame Lösungen zu erarbeiten.

Engl. Übersetzung: **learning region**

Lernen „en passant"

Implizites Lernen, das nicht intentional und spontan vollzogen wird. Es ermöglicht situatives Agieren und Reagieren, das Erreichen bestimmter Ziele und das Lösen akuter Probleme. Dieses Lernen ist sehr komplex und wird in den meisten Fällen nicht bewusst registriert und ist daher nicht verbalisierbar.

Lernergebnisse

Bezeichnet die Gesamtheit der Kenntnisse, Fähigkeiten und/oder Kompetenzen, die eine Person nach Durchlaufen eines formalen, nicht-formalen oder informellen Lernprozesses erworben hat und/oder nachzuweisen in der Lage ist.

Engl. Übersetzung: **learning outcomes / learning attainments**

Lerntagebuch

Dokument, in dem Arbeitsschritte und -materialien, Lernfortschritte und -probleme sowie -ergebnisse kreativ, selbstbestimmt und den Lernprozess begleitend festgehalten werden. Das Lerntagebuch ist ein Evaluationsinstrument innerhalb der Lernprozesskontrolle. Durch die Erstellung eines derartigen Dokuments werden die eigenen Lernfortschritte und Kompetenzen sowohl durch Selbst- als auch durch Fremdevaluation ermittelt.

Engl. Übersetzung: **learning journal**

Methode, Verfahren

Weg, Möglichkeit oder bestimmte Art des Vorgehens zur Zielerreichung.

Engl. Übersetzung: **method, procedure**

Neue Lehr- und Lernkulturen

Ansätze, die auf die Ermöglichung und Unterstützung von Selbststeuerung, Selbstbestimmung und Selbstorganisation von Lernprozessen zielen. Als übergeordnetes Kennzeichen der neuen Ansätze können die Distanzierung von der „Herstellerperspektive" und die Anlehnung an die sogenannte Ermöglichungsdidaktik bestimmt werden. Weiterbildende werden als „Ermöglicher" von Lernprozessen und weniger als „Erzeuger" von Wissen bezeichnet.

Engl. Übersetzung: **new learning culture**

Nicht-formales Lernen

Bezeichnet Lernen, das in planvolle Tätigkeiten eingebettet ist, die nicht explizit als Lernen bezeichnet werden (in Bezug auf Lernziele, Lernzeit oder Lernförderung), jedoch ein ausgeprägtes „Lernelement" beinhalten. Nicht formales Lernen ist aus Sicht des Lernenden beabsichtigt.

Engl. Übersetzung: **non-formal learning**

Portfolio

Zusammenstellung von Dokumenten, die entweder einen Lernprozess oder die Lernbiografie bzw. Ausschnitte aus der Lernbiografie einer Person dokumentieren. Es können fünf verschiedene Portfoliotypen unterschieden werden: das Arbeitsportfolio, das Entwicklungsportfolio, das Vorzeigeportfolio, das Beurteilungsportfolio und das Bewerbungsportfolio.

Engl. Übersetzung: **portfolio**

Prüfung

Arrangierte Situation, in der Leistungen abgefragt oder Handlungen simuliert werden, die im Beruf oder im Alltag Anwendung finden sollen. Erworbene Kompetenzen, also Wissen, Können, Dispositionen etc., sollen gemessen werden. Ziel ist eine Zertifizierung der erworbenen Leistungen. Die Werte der Zertifizierung sollen später eine Aussage über (mögliche) Handhabungen von beruflichen oder alltäglichen Situationen ermöglichen.

Engl. Übersetzung: **examination**

Qualifikation

Qualifikationen bilden Fertigkeiten, Fähigkeiten und Wissensbestände im Hinblick auf deren Verwertbarkeit im Berufsleben und in der Arbeitswelt ab. Sie werden von der Nachfrageseite, von den Arbeitsanforderungen, bestimmt.

Engl. Übersetzung: **qualification**

Selbsteinschätzung

Aufforderung an eine Person, ihre tatsächlichen Kompetenzen zu beurteilen. Dabei wird davon ausgegangen, dass eine Person ihre jeweiligen Kompetenzen selbst am besten einschätzen und bewerten kann.

Engl. Übersetzung: **self-evaluation**

Test

Schriftliche Befragung, die zu den bekanntesten, häufigsten und vielfältigsten Instrumenten der Kompetenzerfassung zählt. Die in der Weiterbildungspraxis eingesetzten Tests variieren u.a. in Hinblick auf Beurteilungsformen und Aufgabentypen.

Überprüfung von Fähigkeiten

Analyse von Kenntnissen, Fähigkeiten und Kompetenzen einer Person, einschließlich ihrer Eignung und ihrer Bereitschaft, ein Vorhaben zugunsten der beruflichen Laufbahn zu formulieren und/oder eine berufliche Neuausrichtung oder ein (Aus-) Bildungsprojekt vorzunehmen.

Engl. Übersetzung: **skills audit**

Übertragbarkeit von Lernergebnissen

Bezeichnet den Umfang, in welchem Kenntnisse, Fähigkeiten und Kompetenzen in einem neuen beruflichen oder Bildungsumfeld genutzt und/oder validiert und zertifiziert werden können.

Engl. Übersetzung: **transferability of learning outcomes**

Validierung von Lernergebnissen

Die Bestätigung durch eine zuständige Behörde oder Stelle, dass Lernergebnisse (Kenntnisse, Fähigkeiten und/oder Kompetenzen), die eine Person in einem formalen, nicht-formalen oder informellen Kontext erzielt hat, gemäß festgelegter Kriterien bewertet wurden und den Anforderungen eines Validierungsstandards entsprechen. Die Validierung führt üblicherweise zur Zertifizierung.

Engl. Übersetzung: **validation of learning outcomes**

Zertifizierung von Lernergebnissen

Ausstellung eines Zertifikats, Diploms oder Titels, das bzw. der formal bescheinigt, dass bestimmte Lernergebnisse (Kenntnisse, Know-how, Fähigkeiten und/oder Kompetenzen), die eine Person erzielt hat, durch eine zuständige Behörde oder eine zuständige Stelle gemäß eines festgelegten Standards bewertet und validiert wurden.

Engl. Übersetzung: **certification of learning outcomes**

Literatur

Erpenbeck, J., & Rosenstiel, L. von (Hrsg.) (2007). Handbuch Kompetenzmessung: Erkennen, verstehen und bewerten von Kompetenzen in der betrieblichen, pädagogischen und psychologischen Praxis (2., überarb. und erw. Aufl.). Stuttgart: Schäffer-Poeschel.

Europäisches Zentrum für die Förderung der Berufsbildung CEDEFOP (2008). Terminologie der europäischen Politik der allgemeinen und beruflichen Bildung. Eine Auswahl von 100 Schlüsselbegriffen. Luxemburg: Amt für Veröffentlichungen der Europäischen Union.

Strauch, A., Jütten, S., & Mania, E. (2009). Kompetenzerfassung in der Weiterbildung: Instrumente und Methoden situativ anwenden. Bielefeld: Bertelsmann.

Autorinnen und Autoren

Marcus Flachmeyer, geb. 1958, Studium der Erziehungswissenschaften, Soziologie und Psychologie in Frankfurt am Main und Münster. Wissenschaftlicher Mitarbeiter bei HeurekaNet – Verein zur Förderung von Lernenden Regionen e.V. in Münster und Dozent an der Saxion Hogeschool in Enschede.

Ortrud Harhues, geb 1958, Dipl.-Pädagogin, Leiterin des Bildungswerkes der Katholischen Arbeitnehmer-Bewegung (KAB) im Bistum Münster.

Heike Honauer, geb. 1965, Dipl.-Theologin, HPM und Zweigstellenleiterin im Bildungswerk der Katholischen Arbeitnehmer-Bewegung (KAB) im Bistum Münster.

Asja-Berenike Schüller, geb. 1987, studiert im 8. Semester Diplom-Pädagogik an der Westfälischen Wilhelms-Universität Münster mit dem Schwerpunkt Erwachsenenbildung/außerschulische Jugendbildung.

Andreas Schulte Hemming, geb. 1960, Dipl.-Pädagoge, Studium der Erziehungswissenschaften, Soziologie und Geschichte, 15 Jahre Leitung von Einrichtungen der Erwachsenenbildung, heute freiberuflicher Berater und Bildungsreferent und als wissenschaftlicher Mitarbeiter bei HeurekaNet – Verein zur Förderung von Lernenden Regionen e.V. in Münster tätig.

Lilia Suppes, geb. 1985, studiert im 8. Semester Diplom-Pädagogik an der Westfälischen Wilhelms-Universität Münster mit dem Schwerpunkt Erwachsenenbildung/außerschulische Jugendbildung.

Waxmann

Volker Heyse, John Erpenbeck,
Stefan Ortmann (Hrsg.)

Grundstrukturen menschlicher Kompetenzen

Praxiserprobte Konzepte und Instrumente

Kompetenzmanagement in der Praxis, Band 5
2010, 320 Seiten, br., 39,00 €, ISBN 978-3-8309-2335-0

Der hohe Wert einer Kompetenzdiagnostik, -bewertung und -förderung für die Arbeitswelt ist unbestritten. Das KODE®-System bietet einen Ansatz, um die komplexe „Kompetenzarchitektur“ zu entschlüsseln. Dabei wird der DIN-Forderung nach Objektivität, Reliabilität und Validität des Verfahrens Rechnung getragen. Kompetenzen werden hier unterschieden in Meta-, Basis-, abgeleitete und Querschnittskompetenzen, die sich nach Kontextabhängigkeit und -freiheit weitergehend differenzieren. Eine zusätzliche Differenzierung richtet sich nach den Akteursebenen Individuum, Gruppe, Organisation/Unternehmen und Netzwerkorganisation.
Anhand von Praxisbeispielen wird eine empirische Grundlage zu Untersuchungs- und Beratungserfahrungen von der Schule bis zum betrieblichen Alltag vorgelegt und die Praxiseignung des KODE®-Systems – auch im Vergleich zu anderen Verfahren – überprüft.

MÜNSTER · NEW YORK · MÜNCHEN · BERLIN